MONA

Ginette Bureau

MONA

Postfaces
du médecin traitant
et du Dr Jocelyn Demers

SOUS
LA DIRECTION
DE
RENÉ BONENFANT

Conception graphique : Martin Dufour

Photographie : Maurice Blouin

Typographie : Jacques Filiatrault

© 1979; Les Éditions Héritage Inc.
Tous droits réservés

Dépôts légaux : 1er trimestre 1979
Bibliothèque nationale du Québec
Bibliothèque nationale du Canada

ISBN : 0-7773-3844-0   Imprimé au Canada

Si vous désirez recevoir la liste de nos plus récentes publications, veuillez écrire à :
LES ÉDITIONS HÉRITAGE INC.
300, Arran, Saint-Lambert, Qué. J4R 1K5
(514) 672-6710

AVERTISSEMENT

Toutes les circonstances de ce récit sont véridiques. Toutefois, afin de préserver le plus possible l'anonymat des personnes concernées, nous avons changé les prénoms et omis de mentionner les noms de famille.

Octobre 1970. Le Québec est en pleine crise. Monsieur Cross est détenu en otage et moi je me retrouve prisonnière dans ma cuisine avec une enfant qui est condamnée.

André, mon mari, est un Américain que j'ai épousé à New York, après de brèves fréquentations. Comme nous avons, l'un et l'autre, connu beaucoup de couples dont l'amour est mort, étouffé par le mariage, nous nous sommes jurés de nous quitter si jamais nous devions, nous aussi, succomber à l'habitude. Nous voulons être des individus mariés et libres.

Après quelques années passées dans la métropole américaine à nous aimer, sortir et faire des enfants, nous sommes venus nous installer dans mon pays. Par goût et peut-être aussi par vocation, André exerce sa profession d'enseignant dans une ville de l'Estrie.

Nous avons deux enfants; l'aîné, Francis, six ans, est d'un tempérament nerveux et inquiet. Au moindre changement, il demande beaucoup d'attention et de compréhension.

Ma fille, Mona, quatre ans et demi, est plus solide. Je l'appelle ma « Pleine de Vie ». Ses poupées n'ont d'autre fonction que de décorer sa chambre et elle préfère nettement des jeux plus turbulents. C'est une indépendante qui n'a pas froid aux yeux. Ses joies sont grandes comme l'univers et ses peines aussi. Comme elle ne tient jamais en place et semble toujours prête à partir vers d'autres horizons, je m'en fais rarement à son sujet.

Nous vivons au jour le jour un petit bonheur pas trop compliqué. Parfois, André me donne une soirée de congé. Lorsque je rentre, je le trouve endormi dans un grand fauteuil, un livre sur le genoux et, contre chaque épaule, un enfant sommeillant, le visage sale et heureux. J'éteins la télé, couche les petits l'un après l'autre, regarde la cuisine encombrée et regrette d'être sortie. Le surcroît de travail ne me laissera, le lendemain, aucun moment pour penser à moi. André se contente de peu : ses bouquins, un tableau à admirer et quelques disques qu'il écoute en dégustant ses plats préférés. Il me dit beaucoup de « I love you, my darling » et m'aide rarement à laver la vaisselle. Bien au contraire, je l'entends souvent m'interpeller par la fenêtre :

— Come and play baseball with us. We need a catcher.

Tiraillée entre mon rôle de maîtresse de maison et mon désir de rendre ma famille heureuse, je me joins à eux. Je lui en veux secrètement de réussir à tout faire par plaisir, alors que, moi, je fais tout par devoir.

L'année dernière, j'ai réussi à le convaincre de me laisser recommencer à travailler à temps partiel, à la condition, toutefois, de ne pas être surmenée. Il a horreur des femmes martyres pour qui les tâches domestiques sont un boulet au pied. Avec mes économies, nous nous sommes offert des vacances en Floride pendant trois semaines. Nous sommes partis avec les enfants, un peu comme des vagabonds, en emportant quelques cartes et trois fois rien comme bagages, bien décidés à voir le maximum avec un minimum d'argent.

Tout en lézardant au soleil, je ne m'inquiète pas de nous voir dépenser au-delà de nos possibilités puisque je dois recommencer à travailler dès l'automne. C'est notre septième année de mariage, la plus difficile d'après les prédictions de ma mère. Elle a bien raison. Rien ne va plus. En septembre, je ne trouve pas d'emploi et, fardeau suprême, nous devons déménager. Je suis tendue, prisonnière, et mes enfants m'énervent. Le temps file, l'argent manque, je m'inquiète, je maugrée, je me révolte, je suis anxieuse... un terrain idéal pour la catastrophe.

— Mamie, Mamie...

J'entends la voix de mon enfant qui m'appelle. J'émerge péniblement de mon sommeil. Pourquoi les enfants se réveillent-ils toujours quand les parents sont rentrés tard? Il est à peine trois heures.

— Viens, Mona! Viens voir Mamie.

Elle est brûlante de fièvre, pleure et dit qu'elle a mal. Son bras, il ne faut pas toucher son bras tellement il est douloureux.

— Es-tu tombée?

— Je ne sais pas...

Avec cette enfant qui ne reste pas en place une seule seconde, il est impossible de savoir où et quand elle se blesse.

— As-tu encore joué au ballon avec les plus grands, aujourd'hui?

— Ah! oui, c'est au ballon. Mais ce n'est pas aujourd'hui, c'est l'autre jour. J'ai reçu le ballon sur le bras et ça m'a fait très mal...

— Pourquoi ne le dis-tu pas à Mamie quand tu te fais mal?

André, mon mari, se réveille:

— Laisse-la tranquille, avec tes questions. Tu ne vois pas qu'elle est malade?

— Je le sais qu'elle est malade, cette pauvre petite. Elle m'inquiète beaucoup depuis quelque temps. D'abord des ganglions dans le cou et, maintenant, cette fièvre.

— Tu as téléphoné au pédiatre à propos des ganglions, qu'est-ce qu'il t'a dit?

— Il m'a conseillé de lui donner de l'aspirine et d'appliquer des compresses chaudes pour soulager la douleur. Il m'a dit aussi de nous rendre à l'hôpital si son état nous inquiète trop.

Depuis quelques jours, les hôpitaux du Québec sont en grève. On a demandé, à la radio, de ne se présenter qu'en cas d'urgence. L'idée de consulter n'importe quel médecin et surtout d'avoir à attendre dans une salle encombrée ne me plaît pas beaucoup. Néanmoins, après avoir décidé de m'y rendre de bonne heure, je donne un cachet d'aspirine à Mona. Couchée dans les bras de son père, à qui j'aurais bien des choses à dire, elle est maintenant en train de se calmer. Ma petite m'inquiète et j'ai peur. Mais André s'endort déjà... D'ailleurs, je connais sa réponse : « Tu t'inquiètes toujours trop. » Voilà ce qu'il m'aurait répliqué. J'aurais aimé lui dire aussi que nous négligeons nos enfants depuis que nous cherchons une maison, que Mona ne mange pas toujours comme il faut. Mais ça, il le sait. Depuis un certain temps, nous tentons de la corriger de cette mauvaise habitude qu'elle a de ne pas manger lorsque le menu lui déplaît et de grignoter entre les repas. Il me semble que, ces jours derniers, elle aime de moins en moins ce que je lui offre. Demain, j'essaierai de préparer l'un de ses plats préférés. Je lui fais une dernière caresse. Elle est déjà moins brûlante. Je me glisse sous les couvertures en prenant soin, puisqu'elle s'est allongée entre nous, de la couvrir légèrement pour qu'elle n'ait pas trop chaud.

* * *

Le matin venu — c'est le lendemain de l'Action de grâces —, nous attendons notre tour à la salle d'urgence qui est réservée aux enfants pour toute la durée de la grève. Des petites pleurnichent et crient. Mona est beaucoup plus sage que d'habitude. Elle me parle très peu et a l'air abattue. Mais je me sens déjà moins inquiète; bientôt, on me dira ce qu'elle a et comment la soigner.

Un vieux médecin nous reçoit. Il semble épuisé devant tant d'enfants venus en consultation. Il ne pose à peu près pas de questions et commence son examen. Moi, je regarde son expression. C'est ma manière de déceler la gravité de la situation. Il n'a pas défroncé les sourcils une seule fois depuis que nous sommes entrées dans son cabinet. Il me jette un de ces regards en voyant les bleus que Mona a sur les jambes... et ce gros, là, sur les fesses. Je suis moi-même étonnée en l'apercevant. Je ne l'avais pas vu, d'autant plus que Mona veut toujours s'habiller toute seule. Elle a dû se le faire hier soir; pourtant la gardienne ne m'en a pas parlé. Je demande à Mona ce qui lui est arrivé. Le médecin a l'air de soupçonner que je la maltraite...

— Comment, madame, vous ne saviez pas qu'elle avait ce bleu?

Je bafouille quelques explications :

— Moi aussi, je m'en fais parfois sans m'en rendre compte.

Il palpe son ventre, l'examine de la tête aux pieds. Chaque fois qu'il me regarde, j'ai l'impression qu'il va m'accuser de négligence criminelle. Ah! comme je regrette d'être sortie, hier soir.

— Madame...

— Oui, qu'est-ce qu'il y a? Qu'est-ce que c'est?

— Nous gardons votre fille à l'hôpital.

— Mais il y a la grève...

J'ouvre la bouche pour en dire davantage; mais je reste probablement un bon moment sans parler parce que le médecin est déjà parti quand, enfin, j'arrive à prononcer :

— Je croyais que ce serait comme d'habitude : on vous dit de quoi souffre votre enfant, on lui prescrit des médicaments et elle rentre à la maison, presque guérie.

Or, cette fois-ci, on ne me dit rien et je sens qu'il vaut mieux ne pas poser de questions. Pourtant, je ne peux pas rester comme ça. Je dois agir. Mais que faire?

— Viens, Mona, nous allons téléphoner à papa.

Ils viennent déjà la chercher, si tôt. Les événements s'enchaînent beaucoup trop vite. Je n'y comprends rien et j'essaie d'expliquer à mon enfant :

— Ils prendront bien soin de toi, ma chouette. Mamie va rester près de toi. Je viendrai te voir après le dîner avec papa.

C'est plus fort que moi, mes larmes coulent quand je la serre dans mes bras. Elle dit :

— Pourquoi pleures-tu, mamie?

Allons! Je me dois d'être plus raisonnable qu'elle. Elle s'en va comme une grande, la tête droite, découvrant un nouveau monde. Elle veut tout voir dans le corridor et, moi, je reste là à la regarder s'éloigner. J'ai l'impression qu'on vient de m'arracher quelque chose.

Les gens entrent et sortent de la salle d'urgence sans s'apercevoir de ma présence. Les infirmières et les médecins affichent un sourire qui me semble automatique. Ils ont l'habitude, eux! L'atmosphère est de plus en plus irrespirable dans ce vestibule.

Dehors, il fait sombre. L'air frais me tire un peu de ma torpeur. Je marche sans trop savoir où je vais. Si au moins André était avec moi... Je suis seule et cela m'irrite. Non!

j'ai trop de peine pour me fâcher. Il viendra. J'essuie mes larmes pour que les gens ne les voient pas. Pourtant, je voudrais leur dire... leur dire quoi? Leur dire :

— Que c'est idiot, une mère, on se lamente qu'on a trop de travail avec ses petits et, dès qu'on vous les enlève, on se met à pleurer.

— Qu'on déteste le bruit qu'ils font continuellement et qu'on s'ennuie terriblement lorsqu'il n'y a plus que le silence.

— Qu'on veut qu'ils soient grands et petits en même temps.

*   *   *

André croit toujours que je m'énerve inutilement quand les enfants sont malades, mais, cette fois, il prend la situation très au sérieux et abandonne son cours pour venir nous rejoindre. Maintenant, nous sommes là tous les trois, à attendre le verdict. Un médecin s'avance en prononçant notre nom.

— Monsieur, madame, je voudrais vous voir seuls. Laissez l'enfant dans la salle de jeux.

Jamais encore je n'avais senti le danger d'aussi près et j'ai peur de mes réactions.

— Vous avez d'autres enfants, j'espère? nous demande-t-il abruptement.

Je trouve qu'il va trop vite... et son préambule me paraît durer une éternité. Pourquoi n'en vient-il pas au fait? Décidément, je n'aime pas ce médecin dont toute l'attitude me dit qu'il a des choses terribles à nous annoncer.

— Vous avez un fils.

Et il fait une pause. Sa respiration m'exaspère.

— Votre fille a la leucémie. Vous connaissez?

Le mot éveille en moi le sentiment qu'il s'agit de quelque chose de grave, mais je ne connais personne qui en soit mort. Mon mari, lui, a vu une petite fille de cinq ans en mourir lentement, semaine après semaine. C'est la maladie qu'il a toujours secrètement redoutée. Il a donc deviné avant même que le docteur n'ait parlé et il fait signe que oui. Je le regarde, je regarde le médecin, j'essaie de comprendre.

Le médecin reprend :

— Les tests ne sont pas complétés, mais il n'y a à peu près aucun doute ; vous comprenez...

Et puis, je l'entends dire :

— Vous devez essayer de vous y habituer dès maintenant. La moyenne de survie n'est malheureusement que de six mois à deux ans.

Assez ! Assez ! Ne parlez plus ! je comprends, j'ai trop bien compris. Je ne veux plus savoir. Je prononce toutes ces paroles qui ne sortent pas de ma bouche.

Le médecin me parle d'une autre mère qu'il a vue reconduire à l'hôpital son enfant qui en était au dernier stade. La maman le savait et était bien résignée. Résignée ! Je déteste ce mot. L'image me répugne. Pensez donc ! Amener son enfant comme ça, en n'ayant plus de peine ou presque, parce qu'on est prévenu depuis des mois. Qu'est-ce que ça change ?

Ils sont en train de discuter du spécialiste qui traitera Mona. Je fais des efforts pour les suivre. Ma fille doit recevoir les meilleurs soins. Nous voulons Boston, un centre spécialisé. Le médecin nous affirme que ce serait beaucoup trop pénible à cause des voyages, de la fatigue, et qu'elle recevra ici le même traitement. Il parle de rémission. La majorité des enfants leucémiques en ont une, puis une autre plus courte, et d'autres, de plus en plus brèves... jusqu'à ce que les médicaments n'agissent plus. J'essaie de penser. Il faut que je tienne le coup. C'est bien à moi que ça arrive. Je plonge ma tête dans mes mains ; si seulement mon cœur pouvait battre moins fort, que je me sente un peu mieux.

Le médecin avait un message à livrer ; il nous laisse reprendre notre souffle et continue :

— Vous savez, en mourant de cette maladie, au moins ils ne souffrent pas.

Ah ! Je le déteste, ce médecin, parce qu'il nous parle de la mort.

— Pendant les rémissions, ces enfants se portent très bien, c'est à s'y méprendre. Ils mènent une vie presque normale. Mais il ne faut pas croire à une guérison, ce serait souffrir inutilement.

Bien oui! Bien oui! Nous avons compris, c'est incurable. Et elle est là qui nous attend, derrière cette porte. J'ai envie à la fois de sortir et de rester. Le médecin nous répète de prendre notre temps.

* * *

Deux ans, comme ça semble court, tout à coup. Deux ans, ce ne sont que quelques mois, quelques semaines, quelques jours, quelques instants... Que faire en deux ans? Comme c'est court! Et moi qui hésite avant d'ouvrir cette porte et d'aller la voir. J'essaie mes jambes, voilà, c'est fait, je suis debout. Ce n'est pas si difficile. J'ai l'impression d'avoir été assommée, mais je peux très bien marcher... j'ouvre la porte.

Mona s'avance vers nous, pâle et inquiète. J'aurais voulu avoir un masque pour cacher mon visage, pour qu'elle ne voit pas la grimace de la douleur. Avez-vous remarqué qu'il est presque impossible de dissimuler ses pensées à un enfant? Elle semble chercher notre regard à tous deux. Non! Non! Il ne faut pas penser à la mort, elle le sentirait. Je la serre très fort contre mon cœur. Mon étreinte signifie : Mona, tu peux compter sur Mamie, Mamie sera forte, tu vas voir, je t'aiderai. Je t'aime tant, mon amour.

Mon mari prend sa fille dans ses bras et nous nous promenons dans le corridor parce qu'il faut bouger. Jusqu'à maintenant, je n'étais venue à l'hôpital que pour accoucher. Et lorsque je me promenais dans les couloirs, je me sentais comme une reine; comme si j'avais été la seule au monde à pouvoir accoucher. Mais cette fois, c'est différent; je suis en train de perdre tout mon royaume.

Je vois les autres enfants malades. Une petite fille est brûlée sur tout le corps. Chanceuse! C'est seulement une brûlure. Les employées du poste nous regardent passer. Je me demande s'ils savent. Leur calme me met hors de moi et j'ai envie de leur crier quelque chose, pourtant pas un mot ne sort de ma bouche. J'ai du mal à m'empêcher de claquer des dents. Je n'ose pas toucher mon mari, j'ai peur de sentir son corps trembler; je n'ose même pas rencontrer son regard, nous risquerions de nous effondrer.

Au bout du corridor, il y a un petit comptoir. Nous nous y appuyons et assoyons Mona entre nous. André tient sa fille par la taille avec toute la tendresse d'un père. Nous lui prenons chacun une main. Nous tâchons de réaliser ce qui se passe. Il me semble que Mona est née seulement hier et voici que déjà... c'est impossible... Elle nous regarde l'un après l'autre en jouant avec nos doigts. Tout à coup, comme si elle comprenait bien des choses, elle joint nos mains. Et ce contact nous unit avec autant de force que si nous avions été traversés par le même courant électrique.

Le cœur brisé, nous tentons de la distraire. Je pense à toutes les fois où elle voulait manger entre les repas et où je l'obligeais à attendre jusqu'au souper. Pauvre petite! Comme elle devait se sentir mal! Et son sang qui est devenu une menace terrifiante! je me rappelle ces jours où elle était lasse et maussade et où je lui disais sévèrement:

— Mona, secoue-toi un peu! Fais comme les autres enfants, invente des jeux, amuse-toi! Ne reste pas là à pleurnicher et à ne rien faire.

Elle s'ennuyait beaucoup de son frère qui avait commencé l'école et parfois, l'après-midi, elle préférait dormir au lieu d'aller jouer dehors. Cette attitude, de la part d'une enfant qui aimait tant jouer et courir, aurait dû me surprendre. Comment ai-je pu me montrer aussi aveugle! Quelle sorte de mère ai-je été?

Mona doit être lavée à l'eau froide parce que la fièvre augmente. Nous en profitons pour sortir un peu et lui promettons de revenir bientôt, après avoir mangé. Elle s'en va, confiante, avec la garde-malade et nous gagnons la sortie. Il me semble que je n'y arriverai jamais. Je n'en peux plus de me retenir. Enfin! Nous voilà dans l'auto.

Petit à petit, les cris succèdent aux sanglots. Je crie de haine, de haine envers moi, envers la vie. Je n'ai plus aucun contrôle. Mon mari me prie de reprendre mes sens. Mais aucun mot ne pourrait me tirer de mon désespoir.

La perte de l'espoir, c'est l'enfer. Je l'ai frôlé. Jamais encore, je n'étais descendue aussi bas. Aujourd'hui, j'ai vingt-sept ans et la vie me paraît absurde. Je regarde les belles maisons et je les déteste. Pourquoi de belles maisons? Pourquoi des robes neuves? Et les gens qui vivent pour ça! Je regrette tous les moments que j'ai passés à faire des choses absurdes. Je m'en veux, j'en veux au monde entier.

Mon mari conduit au hasard dans les rues de la ville, puis, comme guidé par l'une de ces intuitions qui nous viennent en de pareils moments, il m'amène chez une de mes amies. C'est avec elle que j'avais dansé, fêté, chanté la vie et l'amour. Sa fille a quatre ans, l'âge de la mienne, et elle est dehors, en train de sauter à la corde comme Mona le faisait si souvent. Allons! Je ne dois pas me donner en spectacle ici! Les enfants des autres ont le droit de vivre, même si la mienne... De nouveau, je dis des choses incohérentes, des bouts de phrases. Des mots finissent par sortir.

— Pourquoi Mona? Qu'est-ce que j'ai fait pour mériter ça, moi? Tu t'imagines? Vivre et accepter le fait que la mort viendra dans un an ou deux... Penses-y! Comment pourrai-je vivre avec elle quotidiennement, et compter les jours?

Ghislaine est prise au dépourvu. Elle prépare le souper pour ne pas rester inactive, m'offre de partager leur repas, écoute mes appels à l'aide, cherche des mots et, finalement, me demande:

— Pourquoi parles-tu de « futur »?

— Parce qu'il est inévitable. Quand elle sera bien, je devrai me répéter: c'est temporaire — n'espère rien — c'est foutu — il n'y a rien à faire. RIEN!

— Qui es-tu pour savoir exactement ce qui se passera dans deux ans?

En entendant ces mots, j'arrête de pleurer. Dans l'espoir de la voir me convaincre, je reviens à la charge:

21

— Ce n'est pas le premier cas de leucémie auquel les médecins ont à faire face. Ils connaissent ça, eux, ils savent bien comment ça se passe.

Ghislaine tient bon et continue de chercher comment m'aider.

— Pourquoi ne vivrais-tu pas aujourd'hui d'abord? Tu sais, si on se mettait tous à penser à ce qui peut nous arriver dans les années à venir...

Elle a trouvé quelque chose, ça se voit sur son visage. Elle continue :

— Tu vois, aujourd'hui, elle est en vie et à l'hôpital. Tu dois aller la voir, la distraire, la rassurer. Demain, tu prendras ce qui viendra. N'essaie pas de vivre ce qui n'est pas encore arrivé.

Ses paroles me calment, mon estomac se décontracte, je respire plus facilement. À bien y penser, ce qu'elle dit est plein de bon sens, ne contient pas de faux espoirs. C'est vrai, qui connaît vraiment l'avenir? Où serai-je, moi, dans deux ans? Pourquoi me faire du mauvais sang dès aujourd'hui? Et ma fille, où trouverai-je la force et le courage d'en prendre soin?

* * *

Bien déterminée à ne vivre qu'une journée à la fois, j'ouvre la porte du service de pédiatrie. Mona s'est endormie sur un divan. Un divan rouge vin, presque violet. Une robe de nuit blanche recouvre son jeune corps. Ses cheveux noirs et bouclés encadrent son visage dont ils accentuent la pâleur. Elle dort... comme dans une tombe. Je vois une tombe, je ne veux pas voir une tombe. J'ai déjà flanché. Où est ma volonté? Et je veux vivre chaque jour, une journée à la fois. Elle respire. Elle est là. Vivre chaque moment. Profiter du moment. Présent.

Mon mari est devenu très nerveux. Il n'en peut plus d'attendre. Il semble qu'on attend toujours quelque chose dans un hôpital. En ce moment, c'est le médecin. Il avait dit qu'il serait là pour s'occuper du transfert de la petite dans un autre hôpital. André se promène, parle un peu avec Mona. Il me dit qu'il s'en fait pour Francis, notre fils, qui doit nous attendre chez l'amie qui l'a gardé à souper. Il répète qu'il déteste les hôpitaux et leur odeur. Finalement, il nous embrasse toutes les deux et s'en va. Je sens que je ne dois pas insister. Mais pourquoi ne me dit-il pas — même s'il est un homme — que ça lui crève le cœur à lui aussi, que, maintenant qu'il me sent un peu plus forte, il peut se laisser aller.

Il ne m'a jamais dit où il était allé pleurer, ce soir-là.

Mon frère qui travaille ici comme infirmier, arrive à point nommé, alors que, la voix tremblante, je me débats avec une petite histoire que je voudrais rendre intéressante.

23

Devant l'expression de son visage et à la façon dont il regarde Mona, je me rends compte que lui aussi a très bien appris sa leçon sur la leucémie, qu'il a déjà dû voir mourir des enfants atteints de cette maladie. Je suis irritée, sans trop savoir pourquoi. Il fait de son mieux pour camoufler son émotion, mais je connais mon frère. Il est toujours plein d'enthousiasme et il aime remonter le moral de ses patients. Ce soir, toutefois, il en est incapable. Il connaît trop bien la fin tragique qui nous attend. Son expérience lui permet de trouver facilement des mots gentils pour les enfants et il fait des farces avec Mona. Mais son expérience ne lui a pas appris comment on cache à sa sœur un regard où se lit la vision d'un avenir triste à pleurer.

Il devance mes questions :

— Tu sais, ils n'ont pas voulu que je voie son dossier, au poste. C'est trop proche. Ce ne serait pas bon que je sois mis au courant avant vous.

Il ne sait qu'ajouter. Il ne dit que ça. Et l'idée me vient qu'on ne m'a pas tout révélé. Qu'il en sait beaucoup plus long que moi sur cette maladie. L'angoisse m'envahit de nouveau. Mon cœur bat fort, ma figure me brûle, mes résolutions se sont évanouies. Il y a la guerre en moi. Si j'écoute ma raison et la science, je veux crier, et si j'écoute l'amour dans mon cœur, je veux espérer. Je regrette que mon enfant me voie dans cet état. À quoi bon m'en faire à ce point. Je murmure seulement :

— Il y a les rémissions, je devrais avoir au moins cette chance.

Mon frère me trouble et il le sent bien. Pour lui, les leucémiques finissent tous de la même manière, je peux le lire dans ses pensées. Conscient de ce fait, il aura la force, parce qu'il m'aime assez pour ça, d'éviter de me rencontrer durant la longue maladie de ma fille.

Au poste, la tension monte. L'infirmière, à qui j'ai demandé pourquoi le médecin n'arrivait toujours pas, me répond froidement :

— Vous savez, nous avons déjà soigné des cas de leucémie, ici...

Il y a quelque chose qui ne tourne pas rond. Le

médecin doit avoir de la difficulté à effectuer le transfert. J'entends des appels téléphoniques, des soupirs agressifs. Je fais la navette entre le poste et Mona. L'heure avance. Tous ces ennuis viennent de ce que le médecin qui nous a annoncé la triste nouvelle est attaché à un autre hôpital; la grève, seule, est responsable de notre rencontre. Il nous a expliqué leur système, parlé du spécialiste qui soignerait notre fille. Il nous a fait très mal, mais il paraît conscientieux; après tout, il ne nous a rien caché. C'est pourquoi nous avons décidé de lui confier Mona. Il sera le pédiatre responsable. Mais on dirait que quelqu'un, quelque part, n'est pas d'accord. Je suis contente que mon mari ne soit pas là. Il aurait voulu accélérer les choses, brusquer les décisions. Il leur aurait dit : « C'est à moi cette enfant, et je ferai ce que je veux. » Moi, je ne voulais rien bousculer, je suis donc restée et, maintenant, je n'ai plus la voiture. Je me demande si nous avons pris la bonne décision. Puis, une fois encore, je retrouve mon calme et je décide de ne plus céder au doute, que les choses vont s'arranger.

Le médecin arrive :

— Tout est prêt, vous pouvez maintenant changer l'enfant d'hôpital.

Il a les traits tirés, semble très fatigué et agacé. Pour ne pas l'importuner davantage et aussi par fierté, je ne lui dis pas qu'André est parti, qu'il n'en pouvait plus de l'attendre, que je n'ai plus de moyen de transport, qu'il m'a laissée seule...

Au même moment, la porte s'ouvre. Mon oncle est là.

— Tu tombes bien, j'avais justement besoin de toi.

Il est content de pouvoir se rendre utile, c'est d'ailleurs la raison de sa visite. Il enveloppe Mona dans une couverture de laine et nous conduit au Centre hospitalier.

* * *

À l'admission, il me faut répondre à une série de questions, sortir mes cartes d'assurance, tout en gardant sur mes genoux Mona qui ne cesse de pleurnicher. Je suis en train de fouiller dans mon sac lorsque la voix de ma mère parvient à mes oreilles. Ma parole! Je dois rêver!

— Ici maman, ici.

Je l'avais appelée dans la journée pour lui dire ce qu'on craignait, sans trop penser à sa réaction. Elle qui déteste conduire la nuit a pourtant roulé soixante-quinze milles, ce soir, pour venir me rejoindre.

Je dépose Mona dans ses bras comme je l'avais fait à la sortie de l'hôpital, après l'accouchement. Mais, cette fois, nous ne tressaillons pas de joie. J'avale ma salive à quelques reprises avant de pouvoir dire bonsoir à ma belle-sœur qui l'accompagne.

L'interne se présente avec sa trousse.

— Ah! non, pas encore un examen.

— Madame, à cause des règlements de l'hôpital, chaque patient doit être examiné au moment de son admission.

Mona me fixe d'un regard abattu par la maladie.

— Monsieur, ma petite a déjà subi plusieurs examens, aujourd'hui, elle a été bien gentille chaque fois, mais, maintenant, elle est très fatiguée. Vous voulez bien abréger l'examen?

J'ai gagné; il ne fait que le strict nécessaire pour son rapport. Je vais pouvoir enfin calmer Mona.

— Viens, mamie va te border dans ton lit.

J'essaie d'oublier ma fatigue et je lui parle du nouvel hôpital, lui explique pourquoi nous l'avons amenée ici, lui montre les autres enfants qui dorment sans leur maman. Je lui parle tout bas, à l'oreille. Je lui dis que je l'aime et que je serai là demain matin.

— Bonne nuit, fais de beaux rêves.

Il me reste encore à répondre à quelques questions sur ses habitudes alimentaires et j'espère qu'ensuite ce sera enfin fini pour aujourd'hui.

Ma mère m'attend patiemment dans le parloir pour me ramener à la maison. Je suis vidée, crevée! Je m'écrase dans un fauteuil. Je n'ai même pas le courage de parler. J'essaie de me souvenir si j'ai mangé quelque chose pendant la journée. Je cherche mon manteau. Ma belle-sœur me dit :

— Tu sais, je suis venue pour te trouver un logement.

Mon Dieu! J'avais oublié que nous devons déménager. Le propriétaire reprend dans deux semaines la maison qu'il nous louait. Tous ces problèmes qui me tombent sur la tête en même temps. C'est à en devenir folle.

Ma mère me demande si je veux rentrer maintenant à la maison. Je déteste rentrer quand il me manque un petit. Mais à quoi bon le dire?

Je retourne regarder Mona par la porte vitrée de sa chambre; elle dort paisiblement. Il vaut mieux que j'aille me reposer, moi aussi. Pendant le trajet, ma mère et ma belle-sœur bavardent ensemble et, de temps en temps, je me sens obligée de répondre à leurs questions. Par réflexe de politesse. Je veux tout arrêter, là! Immédiatement! J'en ai assez! Assez!

Je me laisse bercer par le mouvement de l'auto. J'essaie de penser au bruit du moteur, à la nuit, aux étoiles, à n'importe quoi, pourvu que ce soit à autre chose. L'idée de perdre connaissance me semble un soulagement. Je ne veux plus sentir avec mon corps et mon cœur... cela fait trop mal.

— Ginette, ça va?

Oui, oui.

— Nous arrivons, ce ne sera pas long.

Je prends conscience de ma faiblesse et un grand frisson s'empare de moi. J'ai peur, j'ai très peur de manquer de courage.

J'aperçois notre maison. Il me semble que j'en suis partie depuis très longtemps. J'entre. Un couple d'amis est venu tenir compagnie à mon mari. Tous trois ont préparé un petit goûter. Je vois la porte de la chambre des enfants qui est fermée. J'aime mieux ne pas aller embrasser Francis, à cause du second lit qui est vide. Je prends la tasse de café que l'on me tend. Je mange un peu. J'ai maintenant un peu plus d'énergie pour répondre à leurs questions. Eux aussi aiment Mona et veulent savoir ce qui en est.

Avec ma cigarette et ma tasse de café, je deviens plus sociable. Je leur raconte ce qui s'est passé durant la journée et ce qui est prévu pour demain. On fera une ponction de la moelle, après quoi, seulement, on pourra établir le diagnostic final et décider du traitement.

— Peut-être se sont-ils trompés? me disent-ils.

C'est également ce que je pense et espère de tout mon cœur. Mais les médecins ne nous auraient jamais annoncé une pareille nouvelle sans être sûrs de leur fait. J'imagine la scène, si jamais ils venaient me dire qu'ils se sont trompés, ce qui reste possible; après tout, ils ne sont pas infaillibles, ces docteurs.

Je tuerais certainement celui qui me l'a dit, cet après-midi... ou plutôt, non. Je serais si contente que je donnerais une grande fête. Je me laisse aller à mes rêveries pendant que les amis parlent du logement qu'ils nous trouveront. Moi, je n'en veux pas, c'est une maison que je voulais. Je suis fatiguée de traîner nos pénates d'un logement à l'autre. On déménage parce qu'on n'a pas assez d'argent pour payer l'augmentation de loyer, ou parce que le propriétaire veut reprendre sa maison. Et, bon gré mal gré, on doit faire ses paquets et s'en aller. J'en ai assez de cette situation. Je voulais m'installer dans ma maison. Nous en avions trouvé une à notre goût, la semaine dernière, mais le versement initial était élevé. J'en veux à mon beau-père qui a refusé de nous aider. Oh! et puis, sans doute en est-il mieux ainsi. Car je ne pourrai plus travailler de temps en temps comme je le faisais jusqu'ici pour aider à boucler le budget. Désormais, je me consacrerai à ma fille et à ma famille. Ils ont bien raison, je dois nous trouver un logement, et sans perdre de temps. Une déception de plus... c'est une bien petite déception comparée à toute cette journée que je viens de vivre.

Nous demeurons depuis quatre ans dans une petite ville. Les gens y ont une façon bien à eux d'exprimer leur sympathie. Quand ils t'aiment, tout est mis en branle pour trouver ce que tu cherches ou pour obtenir les renseignements dont tu as besoin. Mais il y a aussi un inconvénient. Les gens te regardent vivre, t'épient, essaient de connaître tes pensées, de deviner les motifs de tes actes, et, qu'on le veuille ou non, tout se sait à la vitesse d'une primeur. Les gens se font du théâtre avec les drames des autres. Dans une soirée, on se raconte tout en détail et celle qui en connaît davantage est enviée. Même si je n'ai encore jamais participé au jeu de mes concitoyens, ce soir je vais en connaître les bienfaits et les méfaits.

Autour de la table, nos amis me parlent d'un logement qu'ils croient idéal pour nous. C'est incroyable, ils ont déjà commencé à s'informer. Ils me décrivent le logement, me le font même désirer.

— Tu aurais bien de la chance si tu l'obtenais, affirment-ils.

Si bien que je leur promets d'aller le voir de bonne heure, demain. Ils connaissent la propriétaire et lui parleront en notre faveur. Ils nous quittent et nous répètent que nous pouvons compter sur leur aide.

— Merci d'avoir gardé notre fils, leur disons-nous ensemble.

En refermant la porte derrière eux, je me sens terriblement lasse à l'idée de tout ce qui m'attend demain. J'ai envie d'être seule et de me reposer. Je prépare les lits pour ma mère et ma belle-sœur pendant qu'elles desservent la table. Je me sens à bout de forces et j'ai froid et chaud en même temps.

Mon lit est là, qui m'attend. J'ai hâte de dormir, de ne

plus penser. Ca y est, j'éteins la dernière lampe. Je m'allonge, mes muscles se relâchent. Quel soulagement !

* * *

À peine ai-je fermé les yeux que le téléphone sonne... Ah non! Je ne répondrai pas! Je ne ferai pas un pas de plus aujourd'hui! Mais l'idée que cet appel puisse venir de l'hôpital me fait bondir de mon lit. Avant même que le troisième coup n'ait sonné, j'ai déjà décroché.

— Bonsoir! Je m'excuse d'appeler à cette heure... Mais c'est vrai, ce qui vous arrive?

Seigneur! Ils ne sont tout de même pas déjà au courant! Le médecin nous avait conseillé de ne pas dire de quoi souffre notre fille, mais cette recommandation semble désormais inutile. Elle parle. Elle raconte comment elle a su qu'il devait se passer quelque chose de grave quand mon mari a subitement quitté son travail. Et on raconte qu'il s'est rendu à l'hôpital parce que sa fille est malade.

— Est-ce vrai? j'étais inquiète, dit-elle.

Au nom de l'amitié, elle veut en savoir davantage et ça, à onze heures du soir parce que, bien sûr, demain je ne serai pas là. Très gentiment elle me demande de me torturer encore une fois en repassant les terribles moments de cette journée. Ça n'a pas de sens. Au diable, la gentillesse. Ce besoin qu'ont les gens d'être les premiers à savoir, les premiers à raconter un accident. Je lui en veux tout à coup, j'aimerais raccrocher. Mon cœur s'emplit d'une haine que j'apaise en pensant à mes bonnes manières. Je me dis qu'on ne vit pas seul dans ce monde, que ce doit être parce qu'elle veut partager ma peine. Par faiblesse, parce que je suis incapable d'inventer un mensonge rapidement, parce que je suis trop troublée pour voir clair en moi, parce que je crains que mon agressivité ne soit causée par ma peine et non par cet appel importun, je cède... Une fois de plus, je raconte ma journée. Je comble son désir de savoir.

Mais j'ai les mains moites et je tremble de tout mon corps. Je m'assieds, me relève, mon cœur fait de drôles de bonds. Elle pose des questions, veut toujours plus de détails. Les précisions que je lui fournis sur ma douleur me donnent l'impression de l'entretenir et de l'amplifier comme un feu qu'on attise. Et, pour comble, il me faut, en plus, écouter toute sa pitié qui me tombe dessus :

— Pauvre toi ! Comme si tu avais besoin de ça ! Mon Dieu, quel drame ce doit être pour toi !

Quand les gens me plaignent, j'ai tendance à m'apitoyer sur mon sort. La pitié m'enlève toutes mes forces, me détruit complètement. Elle me tient entre ses mains et fait de moi ce qu'elle veut. En me rendant compte de ce qui nous arrive, je suis remplie d'effroi, épouvantée par ma propre histoire. Allons ! Il faut l'arrêter, celle-là, sinon elle va m'avoir. Je rassemble ce qui me reste de force et décide de mettre fin à cette conversation qui ne me fait que du mal. D'une voix tremblante qui se veut autoritaire, je lui dis :

— Écoute, nous ne voulons pas que ça se sache pour que les gens ne la couvrent pas de pitié (peut-être va-t-elle enfin comprendre) et, surtout, nous ne voulons pas que notre fils l'apprenne.

Je sais qu'elle en parlera, mais en prenant garde que je n'en sache rien.

Si j'avais été une enfant, j'aurais crié, sauté, donné des coups de pied dans les meubles. Je suis furieuse, sans trop comprendre pourquoi. Dans ma tête règne la confusion la plus totale. Contre qui me fâcher ? Dieu ? le docteur ? cette amie ? ou mon mari ? qui ne sait pas trop comment réagir devant mes exclamations. Et puis j'ai trop mal. Je me jette sur mon lit où, exténuée, je m'endors finalement en entendant ces paroles : Pauvre toi ! N'oubliez pas, Madame, pas d'espoir. Ce serait souffrir inutilement. Quel drame !

* * *

Dès que j'ouvre les yeux, je ressens comme un coup de couteau au cœur. Les images de la veille me reviennent à la vitesse de l'éclair. Et si ce n'était qu'un cauchemar? Ces choses-là n'arrivent que dans les films ou chez les voisins, pas chez nous ni à moi. La réalité me semble de plus en plus brutale et les palpitations de mon cœur résonnent dans mes oreilles. Poussée par tout ce que j'aurai à faire durant la journée, je me lève et me dirige vers la salle de bain avec une seule idée en tête : ne pas avoir l'air misérable. Il faut à tout prix que je n'aie pas l'air pitoyable! Allons, ma vieille, ramasse tes os et fais-toi belle!

Je suis effrayée en me voyant dans le miroir. J'ai les yeux rouges et bouffis, le teint terne. On dirait que j'ai reçu une bonne raclée et je ne sais pas comment en faire disparaître les traces. J'essaie quand même : des cubes de glace sous les yeux pour diminuer les poches, un peu de maquillage pour redonner des couleurs et de la vie à mon visage. Au moment où je vais recommencer pour la troisième fois la petite ligne noire sous les yeux que les larmes effacent à mesure que je la dessine, j'entends du bruit dans la chambre de mon fils.

Mon Dieu! S'il fallait qu'il me voie ainsi. Il voudra savoir pourquoi je pleure. Je recommence mon maquillage, bien déterminée, cette fois, à en finir. Et quand Francis, qui a six ans, vient m'embrasser, je me promets de ne jamais lui faire sentir à quel point la situation est désespérée.

* * *
33

En me rendant visiter le seul logement qui soit à la fois adéquat et disponible en ce moment dans ma petite ville, je fais le vide dans ma tête pour me préparer à aborder la dame qui nous le louera. On m'a dit bien des choses à son sujet. Elle a élevé sa famille seule, son mari n'était bon à rien et elle l'a mis à la porte. À force de travail et d'économies, elle a réussi à acheter deux immeubles d'habitation. Elle est impitoyable quand il s'agit d'argent, surtout du sien. Si elle t'aime, m'a-t-on dit, il n'y aura aucun problème. Elle a la réputation de ne reculer devant rien pour arriver à ses fins. Je frappe à sa porte, un peu craintive, et je conçois nettement l'importance de bien jouer mes cartes si je veux avoir un toit pour accueillir ma fille à sa sortie de l'hôpital.

Aidée par les suggestions de ma belle-sœur, je décide de l'emplacement des meubles, je suspends mentalement les rideaux et, en quelques minutes, nous avons ainsi aménagé chacune des pièces.

— Allons, ça ira.

Il me reste maintenant à convaincre la propriétaire, qui habite le logement, d'accepter de le quitter avant la fin du mois pour que je puisse disposer de quelques jours pour emménager.

Je décide d'utiliser l'histoire de ma petite fille malade pour la persuader. Tout en parlant, je perçois la tristesse de ce que je suis en train de vivre et réalise l'ampleur du travail qui m'attend. Il me faudra me partager en quatre pour pouvoir, en même temps, être à l'hôpital, emballer nos affaires et préparer ce logement. À force de vouloir convaincre la dame, je finis par pleurer et ceux qui m'accompagnent s'essuient les yeux.

Je me reproche de m'être laissé emporter par mon histoire. J'ai dépassé mes objectifs. La propriétaire consent à effectuer certaines réparations et me console en me racontant l'histoire d'un petit garçon malade. Je l'écoute distraitement, mais je me souviens que l'histoire se termine bien et que le petit garçon guérit à cause des bons soins reçus d'une garde-malade qui croyait en sa guérison.

La propriétaire me donne ce conseil :

— Surveillez bien la façon dont elle sera traitée. C'est important.

Sans trop comprendre ce qu'elle veut dire, je la quitte, soulagée et satisfaite de l'entente que nous avons conclue.

— Je vais acheter un petit cadeau pour Mona, me dit ma mère.

— C'est ça, et moi, j'irai préparer tout ce dont elle aura besoin à l'hôpital.

* * *

J'entre dans la chambre des enfants où je me retrouve seule. Elle est sans vie, malgré toutes les affaires de Mona et de son frère : les souliers, près de la garde-robe, le pyjama jeté sur le lit, hier matin, à coté de la poupée favorite, et le casse-tête, dans un coin de la chambre. Combien de fois lui ai-je répété de ne pas laisser son casse-tête par terre, mais de le remettre dans sa boîte ? Pourquoi dire des choses comme ça à un enfant ? À quoi bon ? Et si l'enfant part ? Qu'arrive-t-il quand l'enfant s'en va ? Je ramasse le petit casse-tête avec tendresse. J'ai envie de jeter par terre le contenu des étagères, mais je me contrôle et remets tout en place. Je trouve le sac où Mona range son cahier de solfège. Deux fois par semaine, je la conduisais pour quinze minutes chez un professeur de piano. Qui ne fait pas de beaux rêves pour ses enfants ? Prendra-t-elle encore des leçons de piano ? De grosses larmes tachent la page du cahier de solfège que je feuillette. Une sueur froide coule dans mon dos. Il n'est que dix heures du matin et ça fait déjà trois fois que je pleure. J'ai toute une journée à vivre, où vais-je en trouver la force ? Soutenue par la pensée que Mona m'attend, je mets quelques vêtements dans la valise et je pars.

* * *

André, ma mère et moi avançons avec appréhension dans le corridor qui mène à la chambre de Mona. Le médecin nous aperçoit et nous rejoint. C'est avec un grand sourire qu'il nous dit bonjour.

Il a l'air en grande forme et débordant d'entrain. On voit bien qu'il ne s'agit pas de son enfant! Tout en nous conduisant vers la salle où se trouve Mona, il nous explique les tests qu'ils lui ont faits ce matin :

— La moelle a été siphonnée à l'os de la hanche. Rassurez-vous, ça ne fait pas mal, nous l'avons endormie légèrement avec quelques gouttes de sirop. Vous pourrez la voir dès que le laboratoire nous aura avisés que la ponction est suffisamment claire pour l'analyse.

Il entre dans la salle. Nous n'avons pas fini d'assimiler ses explications qu'il est déjà de retour.

— Venez. Mona est réveillée et veut vous voir.

Mona est allongée sur une petite table blanche, dans une pièce qui sent le désinfectant et est remplie d'accessoires stérilisés. Elle nous sourit. Toute fière, elle nous montre la pièce de vingt-cinq sous que lui a donnée le médecin. Elle nous laisse voir l'endroit où ils ont fait la ponction. Je l'embrasse et on nous fait signe que nous pouvons l'emmener.

Mona nous accompagne dans la salle réservée aux visiteurs. Elle marche avec difficulté. Elle nous dit qu'elle a les jambes molles et cette sensation l'amuse.

Nous nous serrons autour d'elle pour voir sa réaction

devant le cadeau que lui offre ma mère. Pour l'instant, c'est la fête et on oublie tout le reste. Elle veut se mettre tout de suite à colorier. Elle a le bras droit en écharpe. Nous voulons tous l'aider. Elle réussit à tenir son crayon de la main gauche et sourit de ses résultats. Elle semble si bien disposée à s'amuser que j'ai l'impression que ce ne sera peut-être pas... si grave. Le médecin nous dit en passant, d'un ton presque léger :

— Je vous reverrai plus tard, avec les résultats de la ponction.

Il se penche et parle à la petite. Il a gagné son cœur et sa confiance, ce qui me fait plaisir.

Sa dernière phrase résonne dans l'air. Silencieux, nous nous faisons des chimères avec le mot « résultat ».

* * *

André et moi passons la journée à nous promener d'une fenêtre à l'autre, d'un corridor à l'autre, avec ou sans la petite dans nos bras. Nous nous faisons le moins encombrants possible pour ne pas déranger le fonctionnement de la pédiatrie. Nous quittons Mona pour les repas et la sieste. Nous tentons de comprendre ce qui nous arrive et nos rêves sont tristes ; nous sommes intensément conscients de l'amour qui nous unit à notre fille.

Pour soulager notre misère, nous regardons celle des autres. Nous sommes presque des habitués de la pédiatrie dont nous connaissons maintenant la plupart des cas. Les parents s'informent mutuellement des raisons de l'hospitalisation de tel ou tel enfant, demandent de ses nouvelles.

Nous avons rencontré la maman de petits jumeaux de deux mois. L'un des deux se meurt et elle vient de temps en temps lui donner quelques gouttes d'amour avec son biberon.

D'autres parents, plus âgés, ont une fille de neuf ans, leur seule enfant, qui est dans le coma à la suite d'une chute de bicyclette. Tout le monde s'entend pour souligner à quel point certains accidents en apparence bénins peuvent avoir des conséquences d'une gravité disproportionnée. Elle n'est pas en danger de mort, mais sortira-t-elle du coma? Et si elle se réveille, sera-t-elle comme avant? Ses parents ont passé la journée avec nous et, le soir même, nous célébrons ensemble les premiers cris de leur fille. Les médecins disent qu'elle est désormais hors de danger.

Lorsqu'on nous interroge sur la maladie de notre fille, nous répondons que nous ne savons pas au juste, qu'il n'y a encore rien de sûr. Nous attendons les résultats. Et les gens sont déçus de cette absence de précisions qui les empêche de se faire une idée de la gravité du cas.

Au fond de notre cœur, nous savons que le médecin va nous annoncer quelque grave malheur. Nous l'avons attendu trop longtemps. Je me dis que cette attente qu'il nous a imposée est un truc du métier, qu'il veut nous faire accepter la nouvelle à petites doses. Je vais voir au poste. Comment se fait-il qu'il ne soit pas encore là? Il est déjà quatre heures. André s'agite comme un lion en cage. Quand la petite est avec nous, nous devenons doux comme des agneaux. Nous sommes en train de regarder le soleil se coucher en formulant toutes sortes d'hypothèses, lorsque le médecin entre et nous présente à une collègue. Elle est venue faire notre connaissance parce que c'est elle qui verra au bien-être de toute la famille, à titre de spécialiste en médecine générale.

Arrêtez de m'expliquer le fonctionnement de la clinique familiale et donnez-nous les résultats des examens, bon Dieu! Je regarde avidement son visage, je veux deviner ses idées, lire entre les lignes. Je tiendrai le coup, cette fois, je suis déjà passée par là, hier. J'en aurai la force. Je me le répète. J'en aurai la force. Si les résultats étaient bons, il aurait commencé par ça. J'étouffe la petite voix qui veut croire à une nouvelle quand même moins grave. Ça y est, il attaque le sujet :

— Les derniers examens l'ont confirmé, votre fille est leucémique.

Je maudis le sale truc qu'il a employé. Hier, il nous a dit que ce n'était pas tout à fait certain, pour nous laisser un peu d'espoir et, maintenant, il nous l'enlève complètement, d'un seul coup. Mes joues brûlent, comme lorsqu'on a arraché trop brusquement un pansement d'une plaie fraîche.

Je veux me ressaisir vite, plus vite qu'hier. Parce qu'aujourd'hui je dois lui parler. Ça ne peut pas être aussi fatal qu'il le dit. Il parle du traitement qu'elle suivra.

J'essaie par différents moyens de lui faire avouer qu'il y a tout de même quelques chances de survie...

— Moi, je n'en connais pas, dit-il. Tous ceux que j'ai connus en sont... ils sont décédés.

Ma mère, voyant le mal qu'il nous fait, prend la parole :

— Voyons ! Ils ne peuvent pas vraiment savoir combien de temps elle vivra.

Le médecin reprend :

— Je vous mets en garde contre les gens qui tenteront de vous faire croire qu'elle est guérie lorsqu'elle sera en rémission.

Je me risque à intervenir :

— N'y a-t-il aucun espoir ?

Il me montre un grand cercle avec ses mains et l'ombre d'un minuscule espoir qu'il fait avec la pointe d'un crayon, en ajoutant bien vite qu'il ne faut pas compter là-dessus.

— Il vaut mieux vous habituer à cette idée, pour ne pas souffrir comme ça à chaque rechute.

— Comment vivre ainsi avec la certitude de la mort, et vous, vous osez parler de rémission et d'un retour à la vie normale.

— Il vous faudra des mois pour vous y habituer.

Tout cela sonne faux à mes oreilles. Mais, si je dois admettre qu'il sait sûrement de quoi il parle, j'ai tout de même l'impression que cela ne lui déplaît pas de nous faire souffrir. Ils sont tous pareils, les médecins : ils aiment à en rajouter pour pouvoir ensuite nous réconforter. Et, simultanément, j'ai très peur qu'il ne me dise pas tout, afin d'amortir un peu le choc. Et s'il voulait nous épargner ? Peut-être est-il en train de nous dire qu'elle mourra très bientôt et que je ne veuille tout simplement pas l'entendre ? Comme une folle, je passe d'un extrême à l'autre, guidée par ses gestes, l'intonation de sa voix, l'expression de ses yeux.

Je réussis à me calmer suffisamment pour pouvoir écouter attentivement la leçon de biologie. Mon mari demande de la documentation sur la maladie. Le médecin paraît surpris, mais, devant notre intérêt, il trace sur une feuille les schémas d'une formule sanguine normale et de celle de Mona. Il veut être sûr que nous comprenons bien la gravité de la situation :

— Vous voyez, les plaquettes doivent se maintenir à une moyenne de deux cent mille, et Mona n'en a que deux mille. C'est pourquoi son bras lui faisait si mal. Elle s'est cognée, et le sang s'est répandu entre les muscles et l'os. Ce sont les plaquettes qui font coaguler le sang.

Et je vois ce sang qui ne coagule pas, et qui coule, qui coule... Pourvu que ma raison ne m'abandonne pas.

Je réitère au médecin mon intention de prendre soin de notre fille moi-même. Nous ne voulons l'hospitaliser que pour le strict minimum nécessaire. Nous sommes tous bien d'accord sur ce point. Le médecin me donne son numéro de téléphone chez lui et me répète à plusieurs reprises de me sentir parfaitement à l'aise et de ne pas hésiter à communiquer avec lui chaque fois que j'en sentirai le besoin.

Il parle de rémission. Ça réussit dans quatre-vingt-dix pour cent des cas. Il semble certain que notre fille en aura une. J'en suis soulagée. Il parle des médicaments et de leurs effets :

— Nous réussissons à détruire quatre-vingt-dix-neuf virgule quatre-vingt-dix-neuf pour cent des mauvaises cellules, mais nous ne connaissons aucun traitement qui puisse les détruire complètement. Ça recommence toujours.

Il a fallu qu'il me dise cette phrase : « ça recommence toujours », juste au moment où j'allais enfin me sentir un peu apaisée.

Et il nous lance en partant :

— Ça devrait aller...

C'est ça ! Il ose dire : « ça devrait aller » et partir comme ça, la conscience en paix. Il pense que je vais gober tout ce qu'il vient de me dire. À partir de maintenant, madame, finis les beaux rêves. C'est comme ça que vous devrez vivre. Attendez la mort, elle est là, tout près, ne la sentez-vous pas ? Il faut que vous la sentiez ! Vous voyez, il n'y a pas d'autre issue. Pourquoi vous faire souffrir davantage? DAVANTAGE! Est-ce possible?

Non! NON! Je ne pleurerai pas, pas cette fois. Ils vont bien voir... Je vais leur montrer. Finis, les pleurs!

J'ai le visage défait, mais je me mords les lèvres...

— Viens, nous partons, me dit André.

Chancelants, nous partons tous les deux pour un long voyage.

Un voyage où tout est prévu.

La destination : la mort.

Les péripéties : les saignements et les complications.

Les embûches : les amis ou ennemis (appelez-les comme vous voulez) qui veulent nous aider à mieux mourir.

Toutes les histoires de ce genre finissent par la mort, il n'y a pas d'autre issue, vous vous souvenez?

* * *

Il s'agit donc d'ajouter à mes tâches quotidiennes la visite à l'hôpital, cet endroit où on fait tout pour vous garder en vie avec la certitude que vous allez mourir. Les lieux sont propres et le personnel est gentil, surtout dans un cas comme celui de Mona, où l'on sait que ça ne traînera pas trop longtemps. Voyons! Ce doit être ma peine qui me fait parler comme cela. Les gardes-malades sont bonnes et s'attachent à ces petits êtres. On ne peut leur reprocher qu'une seule chose : c'est de trop bien connaître la fin de l'histoire. C'est pourquoi elles ont des attentions spéciales qui allègent la peine des enfants et convainquent les parents de l'incurabilité du cas.

Pour Mona, tout est permis. On nous a remis un laissez-passer, la « carte rouge ». Nous nous sommes jurés de nous consacrer totalement à notre fille. André fait quotidiennement quinze milles en voiture pour passer une heure avec Mona. L'après-midi, c'est à mon tour. Je dépose mon mari à l'école où il enseigne de une heure à sept. J'ai tout juste le temps de jouer à quelques jeux avec Mona avant de devoir rentrer à la maison pour recevoir Francis que ramène l'autobus scolaire. Quand il m'arrive d'être en retard, il se rend tristement chez la voisine. Rien n'est épargné pour Mona. Il faut à tout prix qu'elle se sente aimée et protégée.

J'essaie en vain d'équilibrer mon amour entre mon enfant malade et Francis qui se fait garder plus souvent qu'à son tour. J'ai beau me dire que ce n'est que temporaire, que je ramènerai bientôt Mona à la maison et que, alors, son frère ne manquera de rien, je ne réussis pas à étouffer ma culpabilité et les yeux de mon fils s'emplissent de tristesse.

Le médecin de Mona m'a bien prévenu de ne pas négliger Francis pour elle :

— C'est à lui que vous devriez faire attention car, lui, il restera...

Et comme chaque fois qu'il me parle de la mort de ma fille, mon cœur se pince et saigne. Ne me permettra-t-il jamais d'oublier, ne serait-ce qu'un instant ? Je fais ce que je peux, et de mon mieux. Je ne nuis pas au fonctionnement de l'hôpital. Je me rends le plus utile possible. Jamais je ne laisse la petite quand elle pleure. Je ne comprends pas qu'on puisse me reprocher de profiter avec ma fille des heures qui passent.

Le soir, nous faisons une partie de cartes ou nous jouons au « Trouble ». Nous la préparons pour le coucher, tout comme nous le faisions à la maison, et terminons la soirée avec une histoire.

* * *

Ma foi, je suis assez fière de mon comportement. Je tiens bien le coup, non? Vivre vingt-quatre heures à la fois. Je me le répète tout le temps pour ne pas l'oublier. À quoi bon penser à demain? En outre, je suis bien trop occupée pour me laisser arrêter par ma douleur et panser ma plaie. Il faut préparer le déménagement et je m'efforce d'être davantage présente pour mon fils, et pas seulement physiquement. Il pose de plus en plus de questions au sujet de sa sœur, son inquiétude augmente. Pour le rassurer, nous demandons la permission de l'amener jouer avec elle un dimanche après-midi. Nous promettons de garder les enfants dans une petite salle à l'écart, et je trouve qu'on nous y autorise un peu trop facilement.

La famille est au complet. Nous avons du mal à retenir nos larmes en voyant nos rejetons se saluer. « Allo! » Ça n'en finit plus. Les deux enfants ne savent pas trop comment se montrer qu'ils se sont ennuyés l'un de l'autre et s'embrassent gauchement. Après les émois des premières minutes, ils se mettent à jouer et à se taquiner comme au bon vieux temps. Il faut parfois interrompre leurs ébats parce que Francis est turbulent et que je m'inquiète pour Mona qui se fatigue vite.

Nous en avons pris l'habitude; maintenant, l'hôpital fait partie de notre routine. C'est machinalement que l'un de nous presse le bouton du cinquième, dans l'ascenseur. On tourne à droite, automatiquement, vers la pédiatrie. Même l'odeur caractéristique des hôpitaux ne nous incommode plus. Un samedi après-midi, en ouvrant la porte du service, nous sommes accueillis par les cris et les pleurs de Mona. C'est bien notre fille, nous ne pouvons pas nous tromper, jamais. Le cœur serré, battant à grands coups, nous nous dirigeons vers sa chambre et nous arrêtons net sur le pas de la porte. La petite est allongée, le visage couvert de larmes ; une bouteille est suspendue à un poteau au-dessus de sa tête et un long tube rouge apporte le sang d'un autre à ses veines.

Angoissés, nous demandons des explications. Presque en même temps, nous disons :

— Depuis combien de temps pleure-t-elle comme ça ?

Il vaut mieux dire cela que crier notre surprise. Nous avions oublié. Ou plutôt nous ne croyions pas vraiment qu'elle en aurait besoin. Une garde-malade est assise près de son lit et la surveille. Elle répond :

— Si on ne venait pas tout le temps la déranger, ça irait peut-être mieux.

André est fâché. On a laissé pleurer sa fille. Bouleversé, il se rend au poste, parle à l'interne.

— Pourquoi ne nous avez-vous pas téléphoné ? Je vous avais dit que nous étions disponibles et de nous avertir s'il se passait quelque chose.

Le médecin tente d'expliquer qu'on ne peut pas téléphoner à chaque petit changement. Mais André n'entend rien ; pour lui, ce n'est pas un « petit changement », c'est très important, au contraire, sa fille de quatre ans reçoit du sang. C'est dur de s'habituer à voir un enfant recevoir des transfusions. Pour nous, elle devient tout à coup beaucoup plus malade. En parents angoissés, nous avons des questions plein la tête et cherchons des réponses.

La pédiatre arrive, examine les appareils et regarde l'enfant attentivement. Je chuchote :

— Qu'est-ce qui se passe ? Son état a-t-il empiré ?

— Elle avait besoin de sang.

Et elle ajoute froidement, d'un ton professionnel :

— Essayez de l'empêcher de se gratter le nez, sinon elle pourrait saigner, ce qu'il faut éviter.

Ah ! Je déteste tout ce personnel entraîné à ne rien

sentir et à n'exprimer aucun sentiment. Ma petite m'appelle. Je tente de me ressaisir. Je me rappelle les effets des médicaments. Le médecin nous avait prévenus :

— Nous détruisons les mauvaises cellules tout autant que les bonnes, dans le sang.

Il faut donc remplacer le sang. Il y a tellement de choses dont nous devons nous souvenir. Calmés, nous retournons auprès de notre enfant. Mona cesse de pleurer et nous dit qu'elle nous réclame depuis le matin. Durant toute la journée, nous redoublons d'attention. Et moi, je me répète : Vis vingt-quatre heures à la fois, ne devance pas le temps. Tiens bon, pour ta petite. Tu lui dois bien ça. Ton enfant ne doit pas sentir que tu es triste. Il faut que tu sois convaincue de ce que tu lui racontes ; sinon, elle devinera ton angoisse.

Alors, je dis à Mona :

— Tu vois, ma chouette, on te donne du sang aujourd'hui parce que tu en as besoin. Demain, tu te sentiras beaucoup mieux.

Mona se plaint d'avoir de drôles de sensations dans le ventre et que ça la pique partout, surtout dans le nez. Après avoir demandé s'il y a quelque chose à faire et reçu une réponse négative, je décide que, si je veux être bonne pour ma fille en ce moment, je dois me montrer sévère.

— Mona, cesse de gratter ton nez, tu as compris ce qu'a dit le médecin.

J'oublie le long tube rouge, j'oublie que je voudrais être là, à sa place, à souffrir pour elle, et je lui raconte son histoire favorite en pensant très fort aux mots que je prononce : « Ils s'embrassèrent et ils vécurent heureux et longtemps. »

La transfusion dure toute la journée et, le soir venu, un prêtre, ami de la famille, en voyant la petite fille à moitié endormie à côté du sac de sang, bénit discrètement cette âme. Mon Dieu ! Qu'est-ce qu'il fait là ? Et des images se succèdent dans ma tête. Des religieuses. Un mourant allongé, les os presque visibles tant il est décharné, avec, sur son visage, une paix béate parce qu'il a eu le bonheur de mourir béni par un prêtre.

Je suis ébranlée et je sens mon courage diminuer. Les images et les soupirs de tristesse parviennent à mon esprit. Les jours suivants sont moins beaux. Je cajole mon enfant, ma mère fait de même, tous nous l'entourons beaucoup trop. En moins de temps qu'il n'en faut pour le dire, Mona se démoralise et refuse de manger. Je cherche désespérément à réagir.

Mon désir est si fort que le hasard s'en mêle et me fait rencontrer le spécialiste des maladies du sang, à la pédiatrie ; son fils est hospitalisé. Ce médecin a fortuitement été témoin d'une scène où la grand-maman, étouffée par le chagrin, tenait sa petite-fille contre elle à la manière d'un nouveau-né qui refuse le sein. Mona ne veut pas souper et sa grand-mère la caresse. Que faire de plus à un enfant qui va partir ? À mes questions, il répond :

— Madame, il n'y a aucune raison pour que Mona soit moins active et plus abattue. Je suis allé voir son dossier et, depuis la transfusion, son hémoglobine est bonne. Il ne faut pas trop la couver, vous savez.

Je comprends que j'ai manqué à ma parole. Le sang et la pitié m'ont fait lâcher prise et j'ai communiqué ma tristesse à mon enfant. Je gâche ainsi des journées précieuses.

Ça va changer ! Je me le promets.

Et les gens qui viendront la visiter s'en rendront sûrement compte. S'ils laissent échapper des « pauvre petite », cela ne m'atteindra pas. Je ne les croirai pas. Parce que, si je les crois, je deviendrai déprimée et ma fille le sentira. Par amour, par tendresse, je jouerai les dures.

*   *   *

Un après-midi, perdue entre mes boîtes qui s'empilent, prêtes pour le déménagement, et les statistiques médicales qui me torturent, je suis en train de peser le pour et le contre de cette façon de voir les choses lorsqu'on frappe à la porte. En femme polie, j'oublie que je suis occupée et reçois cette cousine qui, de bon cœur, m'offre une tourtière :

— Tu ne dois pas avoir envie de te préparer à manger dans une situation pareille.

Je connais très bien ma situation et n'aime pas qu'on me la rappelle. J'offre tout de même la tasse de café attendue et des biscuits aux enfants de la visiteuse. Aussi bien, du coup, leur donner la boîte de jouets. C'est ce qu'on fait, d'habitude. Les deux petits garçons de trois et quatre ans s'en donnent à cœur joie et éparpillent tout ce que leurs petites mains peuvent attraper.

Pendant que ses enfants s'amusent, la visiteuse en profite pour aborder la vraie raison de sa visite. Elle a fait sa propre enquête sur la leucémie. Une amie, technicienne de laboratoire, l'a renseignée sur le sujet, puis, avec l'aide de madame Unetelle qui a connu un cas semblable, elle a tiré ses conclusions. Et, avec les meilleures intentions du monde, elle m'en fait part, tout bonnement :

— Si tu savais comme j'ai eu de la peine quand j'ai appris la nouvelle. J'ai eu du mal à terminer ma journée, c'est pas possible, je... je...

Je me sens mal à l'aise et ne sais que dire. Ce n'est

certainement pas à moi de consoler la visiteuse. Et elle dit qu'elle a fait le calcul et que si Mona survit encore deux ans, ses propres enfants seront très marqués par la mort d'une de leurs petites amies.

— Tu vois, ils auront cinq et six ans. Ça comprend, des enfants, à cet âge-là.

Je remue mon café, incapable de prononcer un seul mot. Je ne veux pas la regarder. Je dois avoir mal compris. S'agirait-il d'épargner ses enfants à elle? Elle poursuit:

— Ils t'ont présenté ça sous un beau jour, deux ans. Souvent, les enfants leucémiques ne se rendent pas jusque-là...

Prise au dépourvu, je bafouille quelques mots. Je ne suis pas préparée à tant! Jamais je ne m'étais imaginée qu'on pourrait me dire une chose pareille en pleine face. J'émerge à peine du désespoir, et voilà qu'elle me repousse au fond.

Pour masquer l'émotion qui s'est emparée de moi, je me mets à parler. Il faut parler, parler, ne serait-ce que pour la faire taire. C'est ça, je raconterai mes projets. Mes projets, ma bouée de sauvetage.

— Je dois changer le lit de Mona. Dans la nouvelle chambre d'enfants, le sien n'ira plus du tout. Je veux essayer un nouvel aménagement avec de petits lits sans tête, regarde, je les installerai comme ça.

Et je lui indique des mains ce que j'ai l'intention de faire. Mais elle veut me tirer de mon rêve de chambre d'enfants:

— Tu n'es pas raisonnable, tu ne devrais pas acheter un lit neuf pour Mona. Ça n'en vaut pas la peine. Garde ton argent, tu en auras besoin.

Je suis assommée et ne réagis plus. Je ne ferais même pas ça à mon chien. S'il était malade, je lui achèterais quand même de la nourriture pour la semaine à venir. Le prix des tombes passe devant mes yeux. La cousine parle d'avoir le sens des réalités. De voir les choses bien en face. Et elle finit par me dire:

— Moi, en tout cas, je prie pour que ça ne soit pas trop long, pour qu'elle passe au plus tôt...

51

Complètement démolie, je réussis, en me relevant, à lui dire tout d'un trait de se mêler de ses affaires, de prier pour ses intentions à elle, de me laisser tranquille avec ses prières, de... de... et puis je ne me souviens plus du reste. Je me montre sûrement polie, tout de même, parce qu'elle ne s'en va qu'une fois son café terminé, sans remarquer les ravages qu'elle a causés. Après tout, je n'ai pas pleuré et personne ne sait que je n'en suis plus capable.

En proie à un violent tumulte intérieur, je me mets à arpenter la cuisine, puis le salon. Je bute contre les boîtes sur le parquet. Je vais d'une fenêtre à l'autre, du téléphone à la salle de bain. De la haine à la peur. De la chambre d'enfants au salon mortuaire.

Dans mon émoi, j'aperçois l'autobus de mon fils qui revient de l'école et, comme chaque fois qu'un de mes enfants est présent, je me ressaisis et je redeviens maîtresse de moi-même pour lui épargner l'angoisse des adultes.

— Bonjour, mon grand garçon. Ça s'est bien passé, aujourd'hui?

— Allo, mamie!

Je lui prépare sa collation préférée. Je prends ensuite l'annuaire téléphonique et cherche dans les « Pages jaunes », sous la rubrique « Meubles ». Je compose le numéro.

— 845-0113.

— Monsieur,

— Oui, madame...

— C'est pour un lit.

Le soir, dans notre chambre, je raconte à mon mari tout ce qui gronde en moi. Il me voit m'enflammer en parlant et opte pour un terrain neutre. Je crie presque :

— Qu'est-ce que je lui ai fait, hein? Oser me dire qu'elle prie pour que Mona meure au plus tôt. Attends qu'elle m'annonce que sa mère n'est pas bien. Je lui dirai : Pauvre toi! J'espère qu'elle ne traînera pas trop longtemps. C'est fatigant, à la longue, de soigner des malades.

Je parle sans attendre de réponse. Ce n'est que lorsque je reprends mon souffle qu'André peut enfin placer un mot :

— Arrête ça! Ne prends donc pas ses paroles tellement au sérieux.

Mais je continue aussitôt :

— On dirait qu'elle veut que je la tue au plus vite pour épargner de la peine à ses chers petits.

— Tu sais très bien que tu exagères.

— Et, en plus, elle vient me dire de ne pas acheter le lit de Mona. De garder l'argent pour ach...

— Pour elle, l'argent a beaucoup de valeur. Elle veut sûrement t'aider.

— C'est ça, dis comme elle!

Et sur ces derniers mots qui remplacent mes larmes, nous nous endormons sans nous être compris.

*   *   *

L'interne, à qui mon mari avait fait des reproches parce qu'il avait négligé de nous avertir au moment de la première transfusion, se reprend aujourd'hui, avec une pointe d'ironie, me semble-t-il. Il nous annonce par téléphone que Mona va changer de chambre. Le traitement détruit les globules blancs, ceux qui combattent les infections. Alors, pour qu'elle soit moins exposée aux microbes et aux virus, on va l'installer dans une chambre où les autres enfants n'auront pas accès.

On a trouvé une compagne pour Mona : une petite fille de six ans, hospitalisée à cause de fréquents saignements de nez. Elle est arrivée presque exsangue à l'hôpital. Elle est très délicate et a de grands yeux tristes. Ses parents habitent assez loin et font un long trajet pour venir la voir deux ou trois fois par semaine.

Danielle et Mona sont devenues de bonnes amies et, le soir, nous avons une partenaire de plus pour partager nos jeux. Les deux petits bouts de femme se servent de l'Intercom pour commander des « popcicles » et leurs jus préférés. Elles s'encouragent mutuellement à prendre leurs médicaments, ont une télévision pour elles seules et se confient leurs petits secrets. Cette chambre sent encore plus le désinfectant que les autres, mais, par contre, l'atmosphère y est beaucoup plus chaleureuse. Mais Danielle sourit rarement et ne rit jamais.

Mona sort de sa chambre une fois par jour et va au téléphone public. Elle monte sur le siège, dépose une pièce de dix sous et réussit à faire le numéro en composant attentivement les chiffres que son papa a écrits sur un papier et qu'elle compare à ceux du cadran. Quelques secondes plus tard, la sonnerie retentit dans la cuisine familiale. Sa petite voix nous raconte ce qu'elle a fait avec Danielle pendant la matinée. Elle parle à papa, à maman, au petit frère et termine toujours par une série de baisers. Pour la nième fois, elle nous demande :

— Quelle heure v'viendrez m'voir?

Et nous lui promettons que, lorsque la petite aiguille sera à sept et la grande vers le haut de sa montre, nous serons là.

Une garde-malade a vu Mona qui revenait vers sa chambre :

— Qu'est-ce que tu fais là, en dehors de ta chambre?

Et, devant le sourire heureux de l'enfant, elle ferme les yeux, sans se formaliser pour les quelques microbes rencontrés dans le couloir.

* * *

Danielle a saigné du nez pendant toute la journée. Mona dit :

— Ma tante (sa garde-malade) ne veut plus faire des couettes avec mes cheveux.

— Pourquoi?

— Sais pas, il faut pas, plus.

Nous avons oublié notre fille exubérante qui sautille sur son lit pour bavarder avec les parents de Danielle. Ils sont là, assis à son chevet. La petite est couchée avec de la ouate dans le nez; seuls ses grands yeux demeurent animés. Sa mère a l'air épuisée. Elle a quatre autres enfants et tant à faire. Son mari travaille à l'extérieur de la ville où ils habitent et doit voyager matin et soir. Pauvre Danielle! Ses parents racontent leur vie lourde de fatigue, lourde d'efforts. Triste. Elle est une charge de plus...

Pour ne pas me laisser attrister, je n'écoute qu'à moitié l'histoire de Danielle. Cependant, afin de me donner bonne conscience, je me promets de continuer d'être bonne pour ce petit être frêle et de lui faire les caresses permises entre deux étrangères, tout en respectant la gêne d'une petite fille qui n'a pas l'habitude de se laisser aller.

La mère de Danielle parle et moi, je revois les soirs où, en partant, je disais à son enfant :

— Bonsoir, bonne nuit, fais de beaux rêves, toi aussi, Danielle.

Et je me permettais, après avoir embrassé et serré ma fille dans mes bras, de passer doucement ma main sur le front de la petite, presque réticente. La mère de Danielle, qui termine son histoire, réveille mon attention en disant :

— Vous savez, les médecins ont cru que Danielle avait la même chose que la vôtre... mais, maintenant, ils ne sont plus certains.

Ce n'est pas vrai ! Mona n'est pas aussi malade que la chétive petite Danielle !

Je refuse cette comparaison, elle me fait trop mal.

Deux mois plus tard, j'apprends sans grande surprise que la petite Danielle est morte.

Les détails que je ne voulais pas entendre résonnent dans mes oreilles. Sa pauvre mère s'en prend aux médecins. Que peut-on faire de plus quand on est déchiré? Elle dit qu'ils ont laissé son enfant sortir trop tôt de l'hôpital. Que celle-ci a attrapé un virus dans leur petite ville. Que ce n'est pas de sa faute si la petite est morte. Elle a tout tenté pour la sauver, mais la fièvre a eu raison de Danielle. À l'hôpital, on lui avait fait une trachéotomie.

Telle est la dimension de sa douleur. On ne peut pas raviver une douleur éternellement.

Elle se calme presque trop vite et, d'un ton résigné, accuse l'hérédité.

— Vous savez, il y a eu un cas semblable du côté de mon mari; c'est le sang qui n'a pas assez de plaquettes.

Si ça avait été mon tour ! Pourquoi est-ce elle, aujourd'hui?

Je lutte avec acharnement pour ne pas me laisser entraîner par son chagrin.

Plus tard, je demande à Mona :

— Tu te souviens de Danielle?

Puis j'en parle au passé :

— Elle était gentille, hein?

Mona fait signe que oui... et ses yeux sont remplis de souvenirs encore vivants. Je n'aurai plus jamais le courage de revenir sur ce sujet.

* * *

Le téléphone sonne.

— J'entends le téléphone et je ne le trouve pas.

— Là, sous le linge.

— Allo!

— Hi! It's me, Elida.

C'est la femme de Roger, le frère de mon mari. Ils habitent New York. Quand elle a appris la maladie de sa petite nièce, elle a entrepris des recherches dans les centres spécialisés. Elle me parle positivement de rémission, de traitements semblables à celui que reçoit Mona, de toutes les recherches faites pour sauver les enfants atteints de cette maladie, des progrès accomplis depuis des années. Sa voix est encourageante et ses paroles contiennent une incitation à ne pas renoncer à lutter.

— If you need anything, please, call us. We would like to help.

— Thank you, thank you so much.

Grâce à elle, j'ai repris confiance. Je recoiffe mes cheveux en broussaille et me remets à emballer, le cœur plus léger. Je pense à tous ces gens qui nous ont offert leur aide, à mon amie qui nettoie notre futur logement, à mes parents qui ont acheté le tapis du salon. Ce sera votre cadeau de Noël, nous ont-ils dit. Je suis gênée d'en recevoir autant et je me demande quand il me sera possible de leur manifester concrètement ma reconnaissance. Puis je remercie le ciel de m'avoir donné une si bonne santé. J'ai beau courir du matin au soir, je tiens bon. Mon énergie se partage entre les visites à l'hôpital, les deux logements et mon fils.

Cependant, mon mari m'agace. Il se sent négligé. On l'oublie trop, dans cette histoire. Ce n'est pourtant pas le moment de faire des ennuis. Il n'a qu'à faire comme moi et s'occuper des choses urgentes pour commencer. Ça presse et je bouscule sa sensibilité. Malgré lui, il devient taciturne. Il n'aime pas être à la merci des autres, il est trop fier pour ça. Il veut être le pourvoyeur de sa famille et on le devance. Il aurait voulu acheter des pantoufles à Mona, mais une tante s'en est chargée. Il aurait aimé offrir à sa femme la maison dont elle rêvait, mais il n'a pas assez d'argent. Il ne peut pas lui payer une femme de ménage et tout le monde vient donner un coup de main. Il en est maussade, frustré par une incapacité devenue trop évidente.

Je m'apaise en admirant ses qualités de père. C'est lui qui amène les enfants dans les bois, au bord des ruisseaux. Il leur montre la nature : les poissons, les nids d'oiseaux, les fourmis à l'œuvre, les fleurs sauvages. Et son fils peut toujours compter sur lui pour écouter ses aventures d'élève de première année.

C'est aussi lui qui a réussi à faire prendre à Mona les pilules qu'elle refusait. N'en pouvant plus, ayant essayé tous les moyens que son métier lui a appris, l'infirmière se voyait forcée de recourir à l'autorité. Mais André lui a dit :

— Laissez, je m'en occupe.

À l'écart des autres, dans la salle de bain, il explique à Mona comment on peut avaler sans goûter, en mettant la pilule bien au fond de la langue. Elle ne pleure plus et l'écoute. Pour son papa, elle essaiera. En sortant, il dit à la garde-malade qui attend le résultat de son intervention :

— À partir de maintenant, Mona avalera ses pilules sans pleurer.

Mona regarde son père qui annonce cela avec fierté et certitude. Et elle ne le décevra pas.

Mais nous déménageons, et ce n'est pas d'un mari sensible et sentimental dont j'ai besoin, mais d'un homme fort. Hier, sans m'en parler, il a accepté de sortir Mona de l'hôpital, le jour même du déménagement. La belle affaire !

Il n'a pu refuser quand le médecin lui a joyeusement annoncé :

— Mercredi, vous pourrez l'emmener chez vous.

Et en pensant à sa petite qui a si hâte de sortir, il a acquiescé. Il sait que sa femme se débrouillera. Il a promis d'être au poste à trois heures pour ramener Mona à la maison. Je lui en veux d'avoir fait tous ces arrangements sans me consulter. Jamais l'appartement ne sera prêt à temps pour la recevoir.

* * *

Il est sept heures du matin et je cours d'une pièce à l'autre; j'emballe tout ce qui reste après une dernière nuit dans un logis et j'avale quelques bouchées de mon déjeuner avant que le camion ne vienne chercher les meubles. Francis part pour l'école à huit heures et demie, ce qui me laisse encore une demi-heure pour ranger la vaisselle qui traîne.

André me demande :

— Où dois-je mettre ça?

— Trouve-le toi-même !

Il me regarde bien en face et dit :

— Calme-toi...

Je m'apaise un peu, mais moins qu'il ne l'aurait voulu. Je crains, tout comme lui d'ailleurs, de perdre toute efficacité en me calmant trop. André veut tellement se montrer impassible qu'il ne fait rien de bon. Il me demande quoi faire, à tout bout de champ. Je ne sais plus où donner de la tête et lui réponds avec un flegme teinté d'ironie. Enfin, l'aide arrive : ma mère et ma voisine. Je leur dis :

— Il doit aller chercher Mona à trois heures.

Ma mère s'objecte :

— Fais retarder sa sortie, ça n'a pas de bon sens, nous n'aurons jamais fini.

— Il n'y a rien à faire, j'ai essayé. Il dit que les médecins doivent le rencontrer à cette heure-là pour lui expliquer comment administrer les médicaments. De plus, Mona serait trop déçue. Alors, nous devons être suffisamment installés pour pouvoir la recevoir vers l'heure du souper.

J'enchaîne ensuite avec le programme de la journée.

— Nous commencerons par la chambre des enfants, les armoires et les garde-robes. Après, nous passerons au garde-manger. Les hommes, eux, s'occuperont des gros meubles et installeront le poêle, le réfrigérateur et la machine à laver.

Et la course contre la montre commence.

J'en oublie, dans mon énervement, que ma petite fille est malade. Une seule chose compte; il faut avoir fini pour le souper. Cette idée ne me quitte pas de toute la matinée et nous ne nous arrêtons que pour le dîner. Une amie nous reçoit. Je ne suis pas gênée et mange uniquement pour avoir la force de continuer, sans y prendre plaisir. J'ai mal au dos de m'être trop penchée. J'ai lavé les tiroirs et les tablettes et, tout en buvant mon café, je regarde mes mains rugueuses. Il est déjà une heure et il faut s'y remettre. Je prends une profonde respiration et, malgré cette sensation de lourdeur sur les épaules, je m'attaque de nouveau à la tâche.

Me voilà courbée sur une boîte de draps, les cheveux dans la figure. André a un tourne-vis à la main. Je devine à quoi il pense. Il n'aime pas mon air misérable. Eh bien! qu'il ne s'en fasse pas; il n'a pas l'air très brillant avec son tourne-vis. Son stylo lui va beaucoup mieux. En rangeant le drap, je crois entendre les mots qu'il ne prononce pas. Il n'approuve pas mon allure de femme de ménage. Ce n'est tout de même pas ma faute si les choses se déroulent de cette façon. Et Monsieur voudrait, malgré tout, que j'aie l'air d'être en vacances? Non! Je ne ferai pas semblant. J'en ai plein le dos et je ne m'en cache pas. Il ne peut supporter de me voir ainsi? Tant pis! Il va falloir qu'il sorte un peu de ses livres et qu'il regarde la vie en face. Quelqu'un doit faire cet ouvrage et, en ce moment, c'est moi, sa femme, celle qu'il a choisie pour partager sa vie, qui dois m'en charger. Incapable! Il se sent incapable. Et il doit s'y prendre par trois fois pour monter le lit de la petite. Il se trompe continuellement de morceau. J'ai remarqué ses erreurs, mais je n'ose pas le montrer. Je lui dis seulement :

— Tu ne pars pas chercher Mona avant d'avoir fini d'installer sa chambre.

Il me fait pitié et, en même temps, je lui en veux. Quelqu'un crie :

— Où veux-tu que nous mettions cette table?

Et, forcée par les déménageurs, je continue. Ranger, épousseter, accrocher les rideaux. Je prends même le temps d'évaluer si le coup d'œil est agréable. À trois heures, épuisée, je voudrais bien me laisser tomber dans un fauteuil, mais ils sont tous encombrés. Il n'y a rien d'autre à faire que de continuer à déplacer les meubles, installer la cuisine, débarrasser les chaises, porter dans le bureau d'André les boîtes qu'on n'aura pas le temps de vider et refermer la porte sur le fouillis. Il est déjà parti. Bientôt, il sera de retour avec ma petite fille.

J'aurais voulu me préparer mentalement, me reposer quelques instants. Mais la maison n'est pas prête. Je me demande avec anxiété comment Mona réagira devant la nouvelle demeure. Elle est partie pour l'hôpital, il y a un peu plus de deux semaines, et elle revient dans une nouvelle maison, sans avoir pu faire ses adieux à l'ancienne.

Je passe, par téléphone, une commande à l'épicerie. Je ralentis. Tourne en rond. Francis, qui est revenu de l'école, ajoute à ma nervosité. Il faut préparer le souper et j'ai envie de vomir. Je cherche mes ustensiles et ne trouve rien. D'un ton irrité, je demande à ma mère :

— Mais où as-tu mis les casseroles?

Ma bonne mère a travaillé fort et rangé les armoires de son mieux pour que j'aie moins de boîtes à vider. Elle sait que j'aurai suffisamment à faire avec mon enfant malade. C'est pourquoi elle a rangé le plus de choses possible, sans se demander si elles sont bien à la bonne place. Elle me répond, d'une voix pleine de compassion devant mon irritation :

— Tu réorganiseras tes armoires à ton goût plus tard, quand tu seras moins pressée.

Tous ceux qui nous ont aidés sont affalés sur les chaises, témoins des mauvais moments des autres. Au moins deux d'entre eux resteront pour le souper. Je dois trouver la force de préparer le repas. À peine ai-je commencé qu'André est là, avec ma petite Mona dans ses bras. Elle est si pâle que j'en ai froid dans le dos. J'ai l'impression qu'elle va beaucoup plus mal qu'au moment de son hospitalisation. Ça fait deux jours que je n'ai pas eu le temps d'aller la voir et je suis frappée par sa mauvaise mine.

— Bonjour, ma grande.

Je l'embrasse et la déshabille en remarquant ses petites mains si blanches. Elle est troublée par tous ces regards fixés sur elle. J'aurais préféré l'accueillir dans le calme de notre petite famille. Mona reste près de son père. Il lui a montré sa nouvelle chambre. Maintenant, elle veut s'asseoir sur ses genoux. Je m'affaire à préparer le souper en l'observant du coin de l'œil. Elle ne sourit pas comme avant. On dirait qu'elle se sent épiée. S'il n'y avait pas tous ces gens qui la regardent, aussi! À quoi pensent-ils tous? Je sais! Ils essayent de deviner combien de temps il lui reste à vivre!

C'est vrai que Mona a l'air très affaiblie. Elle marche avec difficulté, comme si son corps était trop lourd pour ses jambes. Elle est servie la première et mange à peine.

Le souper est terminé; la conversation est forcée. Je n'aime pas mes pensées et mon estomac est contracté. Comme je voudrais pouvoir être seule avec mon enfant. Mais je ne sais pas comment demander à quelqu'un que j'aime de s'en aller. Je m'exerce intérieurement : Maman, t'as assez aidé, pars... Non! ça ne se dit pas. Alors, je décide de débarrasser la table, malgré cette douleur qui irradie dans tout mon corps. Je me dépêche parce que j'ai hâte d'être seule avec ma petite, parce que j'ai hâte de m'asseoir pour de bon, parce que j'ai peur.

J'ai peur d'être seule. J'embrasse ma mère. Je veux qu'elle parte et je le regrette. Son étreinte me fait mal. Je voudrais dire... dire... mais il vaut mieux pas. Mon mari n'aime pas les adieux larmoyants et les enfants nous regardent d'un air craintif. Alors, je ferme la porte derrière ma mère, et je sens un gros poids me peser sur le cœur. J'ai travaillé fort durant toutes ces semaines, mais maintenant c'est le comble, l'insurmontable! Je devrais trouver au fond de moi assez de vie pour l'insuffler à cette nouvelle demeure, la distribuer à ma petite famille. Et je me sens si vide, j'ai envie de me sauver, je changerais de place avec n'importe qui.

Pourquoi est-ce à moi d'assumer une responsabilité aussi lourde? Pourquoi est-ce à moi de mettre de la vie? Pourquoi n'est-ce pas à lui?

Il est en train d'installer la télé. Je sens que, malgré tout, c'est ma mission à moi. Donner la vie. Mettre de la vie entre ces quatre murs dont je ne voulais pas, avec une enfant malade, un mari tendu et un fils inquiet. Où prendre cette vie? Cette sève indispensable?

Tous m'attendent. Tous comptent sur moi. J'entends des « Maman » par ci, des « Maman » par là.

« J'arrive. »

Laissez-moi le temps de franchir cette étape.

C'est déjà l'heure de mettre les enfants au lit. J'ai l'intention d'observer le même horaire qu'à l'hôpital, ce sera plus facile pour Mona. Je fais attention aux besoins des petits, mais j'ignore ceux d'André. Je ne peux pas commencer à lui parler, j'en ai beaucoup trop long à dire et je suis si lasse.

J'embrasse les enfants en prenant soin de murmurer à l'oreille de Francis que je l'aime bien, même si je m'occupe davantage de Mona. Ce soir, je m'endors à la fois très près et très loin de mon mari. Les mots se bousculent dans ma gorge : Aide-moi! J'ai besoin de toi! Je sais que tu as besoin d'aide, toi aussi! Tu ne comprends rien! Comme tu es têtu! Je t'en veux! Je croyais que c'était l'amour qui nous unissait. Et puis, je ne sais plus... je suis si fatiguée, il faut dormir. Je dors déjà avant même d'avoir pu trouver par quelle phrase amorcer... le rapprochement.

*　*　*

Je m'efforce de devenir une bonne garde-malade. Mona a ses médicaments à heure fixe, je lui donne son bain et l'entoure de soins. J'ai beaucoup de difficulté à apprendre à vivre avec ma fille. Elle a tellement changé. Je m'encourage en me disant qu'elle a sûrement besoin de se réadapter après son séjour à l'hôpital. Mona ne sait jamais quoi faire. Elle reste assise longtemps, sans bouger. Et, entre le moment des pilules et ceux des repas soigneusement préparés pour qu'ils soient complets en vitamines et en protéines, je joue avec elle ; mais rien ne l'intéresse vraiment. Et si je réussis à capter son attention, elle veut toujours gagner. Il m'est impossible, malgré toute ma bonne volonté, de perdre sans arrêt. Mona devient très irritable. Elle crie souvent :

— J'ai mal aux jambes ! Ouille ! Ouille !

Je cours chercher l'« Absorbine » pour la frotter. Parce que, quand Mona veut être frictionnée, c'est tout de suite. Les massages la soulagent, alors je la masse. Si elle refuse de s'habiller après le bain du matin, je lui remets un pyjama. Ainsi vêtue, elle a vraiment l'air malade. Et elle reste là, assise dans la grande chaise, à regarder dehors.

Cela fait à peine quelques jours que Mona est rentrée et, déjà, je n'en peux plus. Mon enfant n'est pas bien du tout. J'appelle le médecin. J'ai l'air tellement angoissée qu'il me dit de l'amener à l'hôpital où il lui fait une prise de sang. Je me rends vite compte qu'il m'a laissée venir parce que j'étais trop inquiète. Je m'en veux pour cette piqûre que Mona a dû subir inutilement. Le médecin revient avec les résultats.

— Plaquettes : deux mille.

— Mais il n'y en a pas! Ce devrait être deux cent mille, n'est-ce pas?

Il fait signe que oui :

— On ne peut rien faire, aujourd'hui. Le traitement est dans trois jours. Il faut être patiente et attendre qu'il fasse effet.

La petite est fatiguée et maussade. Pour lui faire plaisir, le médecin veut lui acheter des friandises et nous nous rendons tous les trois à la petite boutique de l'hôpital. Mona ne sait pas quoi choisir. Voyant que le médecin est pressé, je la pousse à se décider.

— Tiens! Prends cela!

— Non, c'est ça que je veux.

Et elle montre on ne sait trop quoi.

Après plusieurs suggestions toujours refusées, je choisis quelque chose en pensant que ça fera son affaire. Mais Mona, de plus en plus irritée par la situation, se jette par terre et pique une crise comme elle n'en avait encore jamais fait. Je n'y comprends rien! Elle avait si bon caractère. En essayant de la calmer, je passe de la peur à la colère, vite remplacée par la tendresse. Je vais sûrement me mettre à pleurer, moi aussi, si elle ne s'arrête pas. Je l'emporte hors de la boutique. Elle se tord dans mes bras. Toute essoufflée, je me plains au médecin :

— Je ne reconnais plus le caractère de mon enfant...

Pour me donner du courage, il me répond :

— C'est sûrement l'effet de tous ces médicaments qu'elle avale.

Ça fait trois semaines qu'on la traite et, jusqu'à présent, les effets sont demeurés négatifs, ai-je pensé sans oser le lui dire, de peur qu'il ne trouve plus d'arguments pour m'inciter à espérer. Il ajoute, comme pour partager mon désarroi :

— N'hésitez pas à m'appeler chez moi aussi souvent que vous en sentirez le besoin.

Je rentre à la maison, un peu calmée par la disponibilité du médecin et bien décidée à faire preuve de patience. C'est ce qui me manque, la patience. Avec mes enfants, avec mon mari, avec la vie. Je suis trop gourmande avec la vie. Je veux trop de tout, et que tout m'arrive en même temps. Il faut savoir attendre. J'apprendrai.

* * *

Le grand Roger, le frère d'André, s'est disputé avec sa femme et il arrive directement de New York. Il a conduit toute la journée, n'a pas dormi la nuit précédente.

— Salut! Où est Elida?

— Je ne l'ai pas amenée.

— Voyons! Qu'est-ce qui vous arrive, les nouveaux mariés?

Et il répond péniblement, en un mauvais français que sa mère (qui avait épousé un Américain) lui a enseigné par fierté pour ses origines canadiennes :

— Elle sait pas que j'suis ici et j'veux pas lui dire. Si tu lui dis, j'veux pas qu'elle sache que je l'sais.

— Écoute, ne me complique pas tant la vie. Tu veux ou tu ne veux pas que je l'avertisse que tu es ici?

— Non, j'veux pas.

Et comme j'ai assez de mes problèmes sans m'en faire pour ceux des autres, je me contente de le recevoir comme il faut, c'est-à-dire de lui offrir à boire et à manger. André et le grand Roger s'attaquent aux bouteilles. Ils décident même d'aller en ville pour boire plus à leur aise pendant que je resterai à la maison afin de prendre soin des enfants. Qui a jamais entendu parler d'une belle-sœur qui va prendre un verre avec son beau-frère pendant que le mari garde les petits? Ces choses-là ne se font pas. Bah! Je resterai et je préparerai le souper.

— C'est ça, allez jaser tous les deux...

André devine qu'il vaut mieux ne pas m'embrasser. Ils

ne me disent même pas où ils ont l'intention d'aller et, se sentant coupables, ils se sauvent presque. J'essuie du revers de la main une larme qu'a fait naître le sentiment d'une injustice, puis je m'affaire à préparer le repas. Ma petite me regarde et j'essaie de mettre un peu d'amour dans mes gestes. Malgré ça, j'écrase les pommes de terre pour la purée, avec une rage tempérée par la tendresse.

Bien entendu, ils rentrent en retard, gais comme des pinsons. Ils échangent des banalités en ricanant comme des idiots qui se comprennent à demi-mot.

— Une autre bière, Roger ?

— Why not ?

Ils se racontent des souvenirs qui les ont déjà fait rire à maintes reprises, mais ça n'a pas d'importance, il font comme si c'était la première fois. Et, tout à coup, comme s'ils voulaient se parler vraiment, André dit :

— Regarde, comme elles sont blanches...

Il montre les petites mains de sa fille, au bord de la table. Les deux frères se contentent d'échanger un regard. Regard que j'ai juste le temps d'apercevoir en apportant leurs assiettes. Alors, je les dépose avec un peu plus de douceur.

* * *

Ce soir, je trouve assez de fraternité dans mon cœur pour ouvrir notre porte aux amis qui viennent nous rendre visite. Ils apportent de la bière. Ma petite malade est couchée et dort. Je peux maintenant m'offrir un verre et tâcher de rire avec les autres.

Je veux fêter, moi aussi. Attendez-moi, que fêtez-vous, au juste?

On rit de Roger qui a amené son chien se promener au Canada, au lieu de sa femme.

— Il s'obstine moins fort, dit-il en riant...

Je ne trouve pas cela drôle et je cherche en moi une toute petite raison de me réjouir. N'en trouvant pas, je veux au moins faire bonne figure et je lève mon verre discrètement, comme il est de mise en pareille circonstance. Je réussis à engourdir mon mal pendant quelques secondes et à mieux supporter les visages qui rient autour de la table. Cela vaut mieux que des visages qui pleurent, non? Et je souris de leurs sottises. Ce n'est pas de leur faute si j'ai de la peine. J'ai toujours aimé le plaisir et j'ai envie de me laisser aller. J'arrive même à rire de bon cœur.

Mona se réveille. Tout le monde se rend auprès d'elle.

— Pauvre petite, disent-ils en chœur.

Instantanément, les visages de nos invités s'attristent. Ils avaient oublié pendant un bref moment et j'avais moi-même essayé. Du coup, ils refusent le goûter que je leur offre:

— Allons, restez, je vais vous préparer un petit quelque chose.

Ils étaient venus nous apporter un peu de gaieté et ils repartent, leur caisse de bière vide à la main, sans la moindre parcelle de joie dans le cœur. Mona dans mes bras, je les remercie de leur visite en me demandant ce qui a bien pu les faire changer d'humeur aussi vite. Je regarde mon enfant. Son visage est légèrement bouffi, comme quand on vient de se réveiller. Oh! peut-être un peu plus. Elle veut aller faire pipi.

— C'est ça, vous reviendrez!

Sous la lumière crue de la salle de bain, je vois mieux le visage de Mona. Je ne l'avais pas remarqué, je la vois tous les jours, mais elle est vraiment plus enflée. Je baisse le petit pyjama d'une seule pièce qu'on lui met pour ne pas la serrer avec une bande élastique qui pourrait meurtrir sa chair. Au moment de l'asseoir sur le cabinet, je remarque à quel point son ventre est gros, ce soir. Je l'examine plus attentivement : c'est à croire que je ne l'avais jamais vue auparavant. Je lève ses petits bras, la fais tourner sur elle-même en retenant mon souffle chaque fois que je la vois sous un nouvel angle. Mon enfant est en train de se déformer. Elle a un gros corps, une grosse figure, une sorte de bosse qui se forme sur la nuque, avec de petits membres, et elle est d'une pâleur à faire hurler. L'enfant fait pipi, et moi, j'ai le cœur qui se brise. Mes genoux tremblent. Mona cherche mes yeux et je dois me calmer. Tranquillement, parce que j'ai envie de courir, je la ramène à son lit.

— Bonne nuit, mon amour.

Très vite, je sors de sa chambre. Suis-je la seule à l'avoir vue ainsi? Suis-je la première? Non, je suis la dernière.

André me dit :

— Je l'avais remarqué.

— Tu ne me l'as pas dit.

— À quoi bon, je savais que tu le verrais.

Une mère défend toujours la beauté de son enfant. Moi aussi!

— Elle était belle, elle avait tendance à être grassette, mais maintenant...

Les sanglots m'étranglent. Il faut que je sache ce qui se

passe. Tout de suite.

— Je téléphone au médecin.

— Non, ne le dérange pas. Qu'est-ce qu'une nuit peut changer?

— Qu'est-ce qu'une nuit peut changer?

Je répète sa phrase, puis je finis, à contrecœur, par accepter son raisonnement si froid. Et je vais m'enfermer dans ma chambre et dans mon cœur. André, lui, exprime sa peine en écrivant un long poème dans lequel Mona est menacée par la mort.

— Docteur, Mona est tout enflée...

— C'est la cortisone qui fait ça. Dès qu'elle cessera d'en prendre, elle désenflera.

— Merci!

— Nous vous verrons jeudi, pour le traitement de cette semaine.

— C'est ça, à jeudi.

C'est là tout ce que je voulais savoir. Si je dois vivre avec une enfant qui a de grosses joues et un gros ventre, eh bien! je vivrai. Ce n'est pas si grave que ça. On vit avec des images déformées et ça n'a jamais tué personne.

Je veux du temps. S'il se vendait, j'en achèterais. Par tranches de vingt-quatre heures. J'ai tellement de choses à apprendre. Pour effacer la laideur créée par la maladie je pourrais entreprendre de décorer notre demeure. C'est ça! Ce matin, je me sens mieux. Hier soir, j'ai fini par piquer une bonne crise de larmes. C'est ma belle-mère qui m'en a fourni l'occasion.

Ainsi qu'il fallait s'y attendre, elle a découvert que « son » Roger est chez nous et elle a déversé ses reproches sur sa bru. Comme c'est moi qui ai répondu au téléphone, je n'ai pas pu y échapper.

— À quoi as-tu pensé de ne pas téléphoner? Tu ne peux t'imaginer toute l'angoisse de cette pauvre petite femme. Elle le cherche depuis quarante-huit heures... Un petit coup de téléphone, ça ne fait pas de mal...

Ça fait assez longtemps que j'encaisse de tous côtés, alors je n'allais pas, en plus, subir les reproches de ma belle-mère. J'aurais voulu lui crier:

— Ce soir, ta petite-fille se déforme, qu'est-ce que tu en fais de cela? Et puis, je déteste tes deux fils. Ils se font servir et c'est à cause de toi qu'ils sont comme ça...

Belle-maman tenait à ce que je fasse quelque chose pour les nouveaux mariés, à ce que je ne sois pas insensible à leurs petites disputes. Sans mot dire, j'ai passé le récepteur à Roger.

Dans ma chambre, dans mon oreiller, j'ai crié. Ce sont tous des dévoreurs de vie. Et moi, je suis trop faible pour me défendre. On ne devrait pas se laisser dire des choses qu'on ne veut pas entendre. Je suis une cible trop facile. Je me déteste. Pourquoi diable ne sais-je pas me battre? J'en veux à ma mère qui me défendait de me battre. Non! Il fallait être une bonne petite fille. Être surtout bonne et respectueuse pour ses parents. C'était quoi, la bonté! Hein, maman?

J'ai laissé ma pensée m'entraîner vers mon enfance. Qu'avais-je bien pu faire pour mériter tout ce qui m'arrive à présent? Je me suis sentie au bord de la dépression. Ce doit être ça, une dépression. On sent que tout va craquer, se défaire, éclater en mille morceaux. J'ai eu soudain très peur pour ma santé. Alors, je me suis mise à respirer plus lentement pour mieux contrôler mon corps affolé. Mes sanglots me faisaient mal à l'estomac. Je ne devais pas perdre pied. Il était inutile de me démolir. Qui prendrait soin de Mona si je me rendais malade? En pensant à ma fille, j'ai réussi à desserrer la boule que j'avais dans la gorge et à défaire le nœud dans mon cœur.

Je voulais un foyer pour ma petite fille, un foyer heureux. Je ne sais plus trop ce que c'est, un foyer heureux. Mais je garderai ma barque à flot pendant la tempête, j'en serai capable.

* * *

74

En arrosant mon coléus sur le point de se dessécher, je revois en pensée toutes ces images et je me jure de tenir le coup. J'avais négligé mes plantes ; à l'avenir, je m'en occuperai. Je les place près de la fenêtre qui est plus ensoleillée. Il fait rarement soleil au mois de novembre, mais, au moins, elles pourront en capter les moindres rayons. Il me vient ensuite une idée lumineuse. Un petit chien pourrait m'aider à mettre de la vie dans cette maison.

Mona et moi allons choisir un tout jeune chiot. Elle le tient comme un poupon, enveloppé dans une couverture. Il devient son compagnon de jeu, son confident. Elle déverse son affection sur ce petit animal et le chien le lui rend bien. Malgré sa jeunesse turbulente, il accepte de se faire bercer des heures durant, de devenir le malade quand Mona décide qu'elle est médecin, et l'élève lorsqu'elle se transforme en maîtresse d'école. Quand elle est trop malade pour jouer, il reste à ses côtés, en attendant patiemment que sa petite maîtresse se rétablisse.

Pour prolonger la vie de ma fille, on lui injecte, une fois par semaine, une substance très puissante dans les veines. Mona refuse ce « poison » de toute sa petite volonté, elle ne veut pas de piqûre.

Tout est mis en œuvre pour atténuer cette épreuve. On nous fait rarement attendre. Dès notre arrivée, c'est le médecin favori de Mona qui nous reçoit. On a fait appel à une infirmière dotée d'une patience d'ange et qui est extraordinairement habile pour donner des injections aux jeunes enfants. Tout doucement, sans se lasser, elle explique encore et encore à Mona ce qu'elle s'apprête à faire. Mais l'enfant crie à la seule vue de l'aiguille vissée sur la seringue.

— Tu vois, je vais te piquer juste une fois.

Ah! Je préférerais recevoir cent piqûres plutôt que de voir mon enfant s'en faire donner une seule. L'infirmière dit :

— Tu es chanceuse, ma tante va tout faire avec la même injection. Je vais faire ta prise de sang et installer un soluté en attendant les résultats. On n'aura qu'à piquer le tube pour te donner ton médicament. Allez, donne ta main à ma tante, je vois une belle veine juste là, sur le dessus...

Mais dès qu'elle s'approche, Mona se remet à crier. Elle est couverte de sueur. J'essaie de la calmer et, pour la centième fois, lui répète :

— Donne ta main, ma petite Mona, c'est pour te guérir...

Et j'entends les paroles du médecin : « Pas de guérison connue. »

Je m'éloigne à cause de mon manque de conviction. La garde-malade m'affirme :

— Soyez sans crainte, j'attendrai qu'elle me donne sa main d'elle-même.

Je sors pour refaire mes forces. Ma fille doit recevoir ce traitement pendant plusieurs semaines. Je ne pense pas pouvoir assister à ce qui m'apparaît comme une scène de torture. J'ai fait confiance à l'équipe de médecins qui a décidé du traitement; maintenant, je dois faire confiance à ce liquide extrêmement fort qu'on injecte dans les veines de ma fille. Je m'imagine le médicament faisant la guerre à toutes les mauvaises cellules qu'il rencontre sur son passage.

Mes doutes dissipés, je reviens dans la salle où Mona, le visage en larmes, me suppliant du regard de la tirer de là, est presque à bout de forces. D'un ton sans réplique, je lui dis :

— Mona, c'est assez! Donne ta main, qu'on en finisse. Regarde, j'ai apporté une petite marionnette. Nous jouerons pendant que tu auras ton soluté.

Voilà, c'est fait, l'aiguille s'enfonce dans la petite main, on retire du sang pour l'analyse.

— Tu vois, ce n'est pas si grave, tu es bien gentille, ma grande.

Les deux infirmières partent, soulagées. L'enfant laisse échapper quelques derniers sanglots que je fais semblant de ne pas entendre et j'invente une histoire de marionnettes. Le médecin arrive avec ses petites fioles pour l'injection. Il dit :

— J'irai chercher les résultats au labo pour épargner du temps.

— Tant mieux, comme vous voyez, ma marionnette est fatiguée et ne sait plus quoi raconter à Mona.

L'enfant, les yeux à demi-fermés, regarde la marionnette à plat ventre, le cou cassé comme une pendue. Elle sourit. C'est la plus belle récompense qu'elle puisse m'offrir. J'en oublie toute ma fatigue.

Les résultats sont toujours mauvais. Tout en mélangeant ses liquides, le médecin m'explique qu'il ne fera une autre transfusion sanguine que si l'hémoglobine descend à six. Elle est maintenant à sept virgule cinq, alors que la normale est à douze. Il lave la veine après l'injection en remettant le soluté pendant quelques minutes. Il donne une grosse bise à Mona et lui offre une pièce de vingt-cinq sous. Elle accepte de rentrer immédiatement à la maison; elle est trop épuisée pour vouloir dépenser sa pièce.

Mona m'écoute raconter à son père ce qui s'est passé à l'hôpital. Je conclus :

— Ça n'a pas de bon sens de la laisser s'épuiser comme cela, à chaque fois.

La petite nous regarde l'un après l'autre. Qu'a-t-elle fait de mal pour que nous nous inquiétions tant à son sujet? Elle croit que ses parents se liguent contre elle. Non, elle sait que c'est pour son bien. André lui dit :

— Viens t'asseoir ici.

Elle grimpe sur ses genoux, contente de le voir redevenir tendre.

— Montre-moi ta piqûre.

Elle lui montre le petit trou.

Et il explique à la petite fille de quatre ans que si elle croit bien fort qu'une toute petite piqûre comme celle-là ne fait pas mal, elle ne sentira rien.

— C'est vrai, Mona, rien. Tu ne sentiras rien si tu y crois.

Et juste avant la prochaine injection, il répétera à Mona la leçon sur la puissance de son esprit, qu'il appelle : « la force de ta petite tête ».

— N'oublie pas, lui dit-il, il faut que tu penses bien fort que ça ne fait pas mal.

Imaginez, une petite fille de quatre ans! Elle croit dur comme fer en ce que dit son papa. S'il l'affirme, c'est que c'est vrai!

Et pour lui, elle le fera.

Quand l'infirmière arrive pour l'injection, Mona ferme les yeux et pense très fort à ce que papa lui a dit. Elle sort, triomphante. Ça n'a pas fait mal et elle n'a pas pleuré. Son papa sera si content. Offrons-nous une récompense à la cafétéria de l'hôpital.

— Qu'est-ce que tu veux manger, Mona?

— Un « hot-dog ».

— Mais ça te fait enfler encore plus et ce n'est pas bon pour toi. Veux-tu autre chose?

Elle vient de fournir un grand effort et, maladroitement, je lui en demande déjà un autre. Son regard exprime une grande déception et son visage se contracte si vite qu'immédiatement je dis à la serveuse :

— Deux hot-dogs, s'il-vous-plaît.

* * *

Les quatre murs de ma maison se resserrent sur moi de plus en plus. Avant, j'avais l'habitude de travailler à temps partiel et de rencontrer des gens. Maintenant, j'étouffe chez moi, avec ma petite malade. Je voudrais sentir la vie quelque part. Mon mari devrait pouvoir comprendre ça. Je partirai avec la petite. J'irai voir ma famille. Le médecin est d'accord, ça ne peut pas nuire à Mona. Je songe à un moyen de faire accepter mon projet à André. Une amie recevra Francis après l'école et le gardera à souper.

— Laisse-moi y aller, j'en ai besoin.

Il ne comprend rien à mes besoins. Et je fais de mon mieux pour ignorer ses remarques. Il s'inquiète pour notre fils. Mais, dans mon cœur de femme, je l'accuse de s'inquiéter pour lui-même. Je me suis préparée pour ce voyage et je passerai outre à sa déception. J'irai à cent milles d'ici chercher un peu de joie et de vie.

Tout le monde est là pour le dîner, même celui de mes frères qui est marié. Il y a un menu spécial : tous les plats favoris de Mona. Les grands-parents nous ont accueillis à bras ouverts et ça nous a fait chaud au cœur.

Autour de la table, on s'entretient de choses et d'autres. Surtout de choses et d'autres. On taquine Mona comme autrefois. Mais Mona n'est plus comme autrefois. Je vois clairement à quel point elle a changé sur les visages de ceux qui la regardent. Je regrette tout à coup d'avoir montré mon malheur à mes jeunes frères, et je suis touchée par leurs efforts pour se montrer gais.

Il y a un cas de leucémie dans la ville même où demeurent mes parents. Bien entendu, ils ont organisé une rencontre entre l'autre mère et moi. Et, comme si nous nous connaissions depuis toujours, nous nous racontons nos peines issues du même malheur.

Ça fait déjà trois ans que sa fille est atteinte. Ça n'a pas été drôle. En plus de la maladie de la petite, la mère a dû supporter la dépression nerveuse de son mari qui n'a pas pu vivre cette terrible épreuve sans flancher. Son enfant est en rémission depuis trois ans. Je l'écoute attentivement et tâche de comprendre pourquoi « son enfant à elle » a survécu trois ans. Si elle en a été capable, pourquoi pas la mienne? Et je rêve de quelques mois de plus. Je demande :

— Elle n'a jamais été malade depuis?

— Non, elle reçoit son traitement et c'est tout. Une petite grippe de temps à autre.

Les yeux brillants, elle me dit combien elle et son mari sont fous de leur fille et me raconte joyeusement des anecdotes sur sa petite, ses mots d'enfants, sa gentillesse.

Cette femme, qui mesure cinq pieds et sept pouces, possède une énergie qui transparaît dans ses paroles. C'est elle qui a eu du courage pour deux. Elle a su tout cacher à ses deux autres enfants. Elle a su se cacher pour pleurer. Si elle apprenait la mort d'un leucémique, elle redoublait d'efforts. Elle secouait son mari :

— Viens, sortons ce soir.

Et ils ne restaient pas là à trembler, parce que ce pourrait bien être leur tour la prochaine fois.

Nous avons comparé les traitements. Déjà, ils ont évolué. Qui sait, les chercheurs en trouveront peut-être de nouveaux. Cette idée me fait revivre. La dame me confie cependant combien elle craint le moment de l'adolescence. C'est là que réside le danger.

— Si elle doit mourir, dit-elle, je préfère qu'elle meure jeune pour qu'elle n'en soit pas trop consciente.

Comme j'aurais voulu ne pas entendre cette dernière phrase. Pour en diminuer l'importance, je m'accroche à l'idée d'une rémission de trois ans. Imaginez! Si j'avais ça, moi aussi. Je les possède presque, je vois ma fille qui a trois ans de plus à vivre au soleil, trois ans au moins, et après, les grands savants auront fait des découvertes extraordinaires. Je me sens un peu folle et je n'ose pas dire à la bonne dame de ne pas s'inquiéter de l'adolescence et de croquer à belles dents dans chaque jour qui passe.

Quelques jours plus tard, dans le bureau du médecin, mon rêve volera en éclats :

— Écoutez, madame, chaque cas est bien différent. C'est très rare, des rémissions de trois ans. C'est le seul cas connu dans la région.

* * *

Avant de quitter ma famille, pendant que je ressens encore l'effet des paroles encourageantes de la dame, je me rends chez une tante que j'aime tout particulièrement. Il y a autre chose qui me préoccupe. Ma tante devine vite le sujet que je veux aborder : la femme et sa condition.

— Pourquoi est-ce la femme qui doit rester à la maison avec les enfants malades? Qui en a décidé ainsi?

Je trouve la charge beaucoup trop lourde pour mes épaules. J'envie mon mari qui part le matin et peut penser à autre chose quand il donne ses cours. Moi, par contre, je suis coincée par les circonstances entre nos quatre murs. Bien sûr, j'aime Mona, mais tout cet amour maternel empiète démesurément sur ma liberté. Le foyer familial, c'est de l'histoire ancienne. Il faut inventer une sorte de nouveau foyer. Pourquoi moi? Je suis fatiguée d'inventer continuellement.

— Pourquoi la femme? Hein? Ma tante, dis-moi...

— Dans une maison, ma fille, c'est la femme qui donne le ton. Elle y met la vie.

— Pas seule.

— Non, mais si elle lâche, plus rien ne se tient...

— Allons donc! Tu en mets beaucoup trop sur le dos de la femme.

— Tu en connais, des maisons où il fait bon vivre et où la femme a abandonné?

— Non! T'as raison, je n'en connais pas.

— C'est comme ça. Sois courageuse.

Je l'ai quittée, remplie de bonne volonté, prête à redonner une certaine ambiance à mon foyer et bien décidée à m'y sentir heureuse. Il ne suffit pas de tourner un bouton pour connaître le bonheur. Je trouverai un moyen. Pendant le trajet du retour, je prends plaisir à rappeler à Mona tous les bons moments de cette journée.

— T'es chanceuse d'avoir de bons grands-parents.

— Mamie, j'ai faim.

— Pas déjà! T'es comme une femme enceinte. Ne me dis pas ce que tu veux, je le sais.

— C'est quoi, Mamie, une femme enceinte?

— Une maman qui attend un bébé; parfois, elles s'accrochent à certains caprices, les femmes enceintes. Seulement celles qui veulent compenser... Ah, tu ne comprendras pas...

Nous avons trouvé un petit restaurant de campagne. Le fils de la maison sert au comptoir avec sa mère. Il dévisage Mona et finit par dire:

— Mais elle est bien blême, cette enfant. Elle va sûrement être malade.

Mona guette ma réaction.

— Viens, nous allons manger dans l'auto.

Je fuis ce garçon trop spontané et je regarde ma fille. Il n'a dit que la vérité. Mon cœur s'alourdit. Le soleil se couche. Je conduis l'Oldsmobile; le ciel de novembre porte de grandes rayures mauves et les villageois ont installé leurs cimetières beaucoup trop près des grandes routes.

Je veux pourtant conserver un peu de joie dans mon cœur pour le retour à la maison. Mon voyage n'aura pas été inutile, mon mari sera content, je serai plus gaie.

Et je pense à mon père qui me disait, avant mon mariage:

— Si tu te maries, ma fille, sois gaie dans ta maison.

C'est facile quand tout va bien, mais comment fait-on quand tout va mal, hein, papa? J'aurais voulu cacher ma tête contre son épaule comme lorsque j'étais petite. Il savait si bien me protéger contre toutes mes peurs.

* * *

Ce matin, il a neigé un peu et, dehors, tout est blanc. Je me lève contente. Comme d'habitude, la première chose que je fais, c'est de courir voir Mona. La petite repose encore.

— T'as bien dormi?

Je remarque qu'il y a des cheveux sur son oreiller. Mais j'ai si hâte de lui montrer la neige que je ne m'y arrête pas. Après avoir admiré la nouvelle blancheur de l'extérieur, nous nous attablons pour un bon déjeuner. Mona porte sa robe de chambre jaune. Ses cheveux sont très noirs et, en lui servant son œuf, je les vois qui s'étalent par centaines sur la robe de chambre jaune.

— Mamie, tu ne manges pas ton déjeuner?

Je regarde ma montre. Il est trop tard pour attraper le médecin chez lui et trop tôt pour le rejoindre à l'hôpital. Je prends mon café. Je regarde les cheveux de Mona. Je les brosserai tout à l'heure, peut-être est-ce comme après une anesthésie, on perd plus facilement ses cheveux. Ce doit être les médicaments. Ils sont si forts. Je laisse Mona prendre le temps de bien déjeuner. Je vais d'abord lui faire sa toilette et, après, je la peignerai.

Je n'ai plus que ses petits pieds à essuyer. Voilà, c'est fait. Je prends la brosse et, dès le premier coup, une grosse plaque de cheveux se détache. Ce n'est probablement que sur le dessus. Je prends donc le peigne pour le passer très légèrement sur le côté de la tête. Il se noircit de cheveux. Je murmure entre mes dents : Pas ça! Pas ça!

C'est bien assez qu'elle soit blême, enflée et grosse. Pas les cheveux. Je les caresse, ils étaient si beaux. J'aurais voulu les recoller sur la tête de mon enfant. Mona me demande :

— Qu'est-ce qu'ils ont, mes cheveux?

— Ce doit être tes pilules qui font ça, ma fille.

Puis je me souviens de cette dame qui m'avait conseillé, au début, de photographier Mona :

— Elle changera beaucoup votre fille, ce serait bien de la photographier.

C'était ça qu'elle voulait dire. Mais, bien entendu, je n'avais pas cru en cette prophète de malheur. Maintenant, je suis forcée de me rendre à l'évidence. Ma fille deviendra méconnaissable. Pour cacher mon visage, je m'affaire à ramasser les cheveux tombés par terre. Je prends beaucoup de temps, le temps de chasser de mon regard la stupeur et l'effroi. Puis je jette ces cheveux à la poubelle. Et encore des cheveux, tous à la poubelle. Ils ne servent que d'ornement, après tout, non?

La mère de la petite fille qui est en rémission depuis trois ans pourra sûrement m'aider; je l'appelle :

— La vôtre a-t-elle perdu ses cheveux comme cela?

— Bien non, elle avait les cheveux longs et je n'ai même pas eu besoin de les couper. J'ai entendu dire que ce n'est qu'en dernier... qu'ils perdent leurs cheveux.

Qu'est-ce qu'elle raconte, celle-là? En dernier! Qu'est-ce qu'elle en sait? Je suis fâchée de l'avoir appelée et je retourne ma haine contre moi-même. Pourquoi faut-il que je veuille toujours tout savoir, et tout de suite en plus? Je résiste mieux à l'envie de téléphoner au médecin et de le faire demander par l'Intercom. Pour me faire dire quoi? Le rendez-vous est pour demain. Je ne le dérangerai pas aujourd'hui pour des cheveux. Je m'arme de patience et j'attends. Durant toute la journée, j'attends et je ramasse des cheveux. J'en trouve partout où Mona passe. Au moment des repas, je redouble d'attention pour que personne n'en ait dans son assiette.

Je voudrais pouvoir en parler à quelqu'un, mais je sais que personne ne peut supporter à ma place ce que je suis en train de vivre. On s'exclamerait, on crierait, on me plaindrait et je perdrais inutilement mes forces.

Puis, dans la journée, je plonge au fond de moi-même. Et je me rends compte que ce qui me fait si mal, c'est que je ne pourrai plus camoufler mon malheur. Tout le monde le verra. J'ai alors une idée. Mon enfant aura des cheveux artificiels ; une perruque.

Le lendemain, je demande au médecin :

— Est-ce que Mona peut perdre tous ses cheveux ?

Il fait gravement signe que oui. J'imagine mon enfant sans un cheveu sur le crâne et je voudrais crier, mais Mona est assise sur mes genoux. Au lieu de ça, je lui parle calmement de la perruque. Il dit :

— C'est une très bonne idée. Ne tardez pas trop.

Alors, je prends l'argent réservé pour l'huile à chauffage et je me mets en quête d'une perruque pour une enfant de quatre ans. Puisque je vais devoir dépenser de l'argent, aussi bien changer ça en une sortie agréable. J'essaie des perruques de toutes les couleurs et Mona sourit de voir sa mère tour à tour blonde, rousse, cheveux courts, cheveux longs. Mais impossible d'en trouver une à sa taille. Peu convaincues de notre sérieux, les vendeuses ne font guère d'efforts pour nous aider. Finalement, quelqu'un que j'ai mis dans le secret nous donne le nom d'une dame qui ajuste les perruques.

Je la bouscule, la pauvre dame : ce doit être prêt très vite. Elle promet d'avoir fini dans deux jours.

— Mona, tiens bien tes cheveux sur ta tête pendant encore deux jours. Tu veux ?

L'enfant sourit et s'emballe à l'idée de porter une perruque comme une grande.

* * *

Aujourd'hui, c'est l'Halloween.

— Viens, Mona! Toi aussi, tu feras la tournée, d'accord?

Si je tiens à ce que Mona participe à la fête, ce n'est pas parce que c'est probablement sa dernière. Je veux plutôt profiter de l'occasion pour la divertir.

Mona est ravie de mettre son petit masque et d'aller frapper aux portes des voisins, pendant que je reste à l'écart, prête à la prendre dans mes bras aussitôt qu'elle n'en pourra plus de marcher. Elle a si mal aux jambes.

— Francis, va chez les Tremblay avec elle, tu veux bien? Attends-la, tu vas trop vite!

Je suis heureuse, mes enfants sourient. Il n'y a que les regards tristes des gens qui abîment notre joie. Ils n'en reviennent pas de voir comme Mona a changé. Mais je les remercie très vite et refuse toute conversation inutile.

* * *

Cela fait cinq semaines que le traitement est commencé et la vie continue avec un petit chien et une enfant presque chauve maintenant. Mais qui a une perruque pour les jours de sortie afin d'épargner aux autres la vue de son petit crâne dénudé.

Parce que, souvent, la tristesse qu'on lit sur le visage de ceux qui nous regardent amplifie notre douleur.

Je travaille fort pour arranger la perruque afin qu'elle ressemble le plus possible à une chevelure naturelle. Il s'agit de préserver une image. C'est pourquoi, quand nous allons à l'hôpital, je mets à Mona sa petite perruque et du rouge sur ses joues trop blanches. Elle me promet chaque fois de ne pas l'enlever même quand elle aura très chaud. Promesse qu'elle ne tjent jamais. Dès notre arrivée à la cafétéria — parce que nous nous offrons toujours un petit goûter après l'injection hebdomadaire, histoire de nous récompenser un peu —, la chaleur l'accable et elle arrache sa perruque comme si c'était un chapeau. Le « trompe-l'œil » atterrit sur une chaise.

Il ne me reste plus qu'à sourire de mon échec en matière de camouflage. J'entends autour de nous des « Oh ! » remplis de tristesse.

— Regarde la petite fille.

Embarrassée, je fixe les deux ou trois poils qui restent sur le crâne de ma fille. Pour se faire pardonner, Mona me dit :

— Mamie, j'ai chaud...bon !

* * *

C'est samedi, nous sommes en train de dîner. Mona est irritable, mais elle l'est si souvent maintenant. Elle refuse de manger, se replie sur elle-même et me regarde la supplier d'avaler quelque chose. Son père en a assez de ces scènes continuelles et décide de faire un peu preuve d'autorité. Il lui ordonne sèchement :

— Mona, c'est assez, mange un peu.

L'enfant pleure doucement, tristement. Cela me déchire le cœur. Je me retiens d'intervenir en pensant qu'André fait cela pour le bien de sa fille. Je veux me tranquilliser ! Oui, mais Mona semble avoir du mal à respirer. Ce sont sûrement des chimères de mère protectrice. André insiste :

— Allez, cesse de pleurnicher...

Blessée, Mona se lève et va se coucher pour pleurer, comme une grande. Elle fait un drôle de bruit en reprenant son souffle. Elle râle de plus en plus fort. Nous nous regardons, épouvantés par ce bruit. Énervés, nous essayons de la calmer.

— Voyons, Mona, qu'est-ce que tu as ?

— Nous ne voulions pas te gronder.

— Calme-toi.

Dans notre angoisse, nous crions presque.

Le râle augmente d'intensité. La petite est effrayée par ce bruit qui provient de son corps. Je m'étais préparée à un moment semblable. Je sais par cœur le numéro que je dois composer, mais ma main tremble.

Enfin! Le médecin attaché à l'urgence répond. Il entend la respiration rauque de l'enfant qui, quand elle s'énerve trop, ressemble à un jappement. Il diagnostique :

— Probablement un faux croup.

Je repousse ma panique, j'oublie mon cœur qui me défonce la poitrine pour mieux dire les choses importantes :

— C'est une leucémique (ça me fait mal de prononcer ce mot), elle suit un traitement. S'il-vous-plaît, avertissez son médecin.

Je demande une ambulance. Par prudence, quelqu'un a conseillé de l'oxygène. Je veux à tout prix conserver mon sang-froid, rester alerte, penser lucidement. Que faut-il faire, maintenant? Ah oui! une gardienne pour Francis. Je cherche une couverture pour envelopper Mona. André me regarde agir, se pose une foule de questions et ne répond à aucune. Il dit :

— Dois-je prendre l'auto?

Irritée, je réponds :

— J'ai besoin de toi, laisse faire l'auto.

— Qui nous ramènera à la maison?

— Quelqu'un! N'importe qui!

Les quelques minutes d'attente pour l'ambulance me paraissent une éternité. Je me demande ce qu'est le faux croup. Je l'ignore et ne veux pas m'énerver inutilement. Ça n'améliorera pas l'état de Mona. Et je réussis à me contenir jusqu'à ce que l'ambulance soit là.

— Vous avez l'oxygène?

— Non!

Il a oublié! Je jure silencieusement et l'ambulancier fait demi-tour avec ses passagers pour aller en chercher. Mona respire un peu mieux avec l'oxygène. Je fais de même, plus lentement. Je me demande si je tiendrai longtemps le coup; les paroles du médecin me reviennent en mémoire :

— Acceptez l'idée que c'est incurable et qu'elle mourra, ce sera moins douloureux... sinon, à chaque nouvelle crise, vous vous épuiserez beaucoup trop...

Je sais aussi que les leucémiques sont emportés parce

qu'ils ne peuvent pas combattre les maladies qu'ils attrapent. Mona me sort de mes pensées macabres. Elle a de nouveau du mal à respirer. Elle repousse l'oxygène, tend le cou et cherche de l'air. Nous sommes à mi-chemin de l'hôpital et la circulation est terriblement lente. L'ambulancier déclenche la sirène. On nous laisse passer. Nous, les parents, enfonçons involontairement l'accélérateur imaginaire, sous nos pieds. Il y a quelque chose qui ne va vraiment pas. Mona repousse toujours l'oxygène et se débat. Une idée lumineuse me vient!

– Ce doit être trop sec. Arrêtez le chauffage.

C'était ça qui n'allait pas. Les vitres de l'ambulance sont embuées et Mona respire mieux. Elle reprend de l'oxygène de temps en temps. Je prie.

Je n'étais encore jamais montée dans une ambulance, c'est mon baptême. Les croque-morts me répugnent. J'ai hâte de sortir de cette boîte sur quatre roues. Je regarde mon mari qui tient tendrement sa fille dans ses bras. Lui fixe avec soulagement l'hôpital qui se dessine dans le loin. Ses épaules se décontractent et ses yeux se ferment le temps d'un soupir.

* * *

Le médecin a deviné notre panique et s'efforce de parler d'une façon détendue. Il apaise nos cœurs angoissés et ponctue ses explications de : « Elle s'en tirera » et de « Il n'y aura pas de problèmes sérieux... »

Il explique que le faux croup semble beaucoup plus redoutable qu'il ne l'est en réalité. Il explique si bien que nous avons l'impression que Mona respire déjà mieux. Eh oui, calmée et rassurée, avec une serviette humide sous le nez, elle fait de moins en moins de bruit à chaque respiration. On l'installe sous une tente à oxygène, saturée d'humidité, et on lui fixe au bras un soluté pour lui donner des antibiotiques toutes les quatres heures sans avoir à lui refaire une piqûre.

Je tiens sa main par une petite ouverture. Elle s'est apaisée et, moi aussi, j'ai moins peur. Mais mon cœur est rempli de regrets. Pourquoi ai-je insisté pour qu'elle mange ? Faut-il donc ne jamais insister ? Devrai-je la laisser faire ce qu'elle veut et quand elle le veut ? Peut-être est-ce la faute du petit chien ? Son poil ressemble à du duvet. Une allergie ? Je ne sais plus ce qui est bien, je ne sais plus ce qui est mal. La tristesse me ronge. Je me laisse aller à écouter la respiration difficile de ma fille et, inconsciemment, je m'efforce d'aspirer plus profondément. Je me sens terriblement épuisée. Est-ce avant ou après le repas que c'est arrivé ? La peur m'use un peu plus. Mes yeux sont cernés et mon dos douloureux ne veut pas se redresser. J'ai un goût amer dans la bouche, l'estomac noué. Je ressens vivement les ravages causés par la peur. Ils m'auront par la peur. C'est ça! J'aurai tellement peur à chaque nouvelle crise que, finalement, je démissionnerai et leur dirai :

— C'est ça, prenez-la, je n'en peux plus. Vous avez gagné, j'abandonne.

Alors je cesserai la lutte et, dans mon cœur, je préparerai les funérailles de mon enfant.

Cette image me donne un coup de fouet.

— Jamais! J'ai plus de cœur au ventre que ça!

D'un bond, je me relève ; je me secoue. J'ignore si j'ai dit cette dernière phrase à haute voix, mais les derniers mots résonnent encore à mes oreilles. Il faut manger, faire quelque chose.

Je me dirige vers André. Le nez contre la vitre, dans cette odeur de désinfectant qu'il déteste, il a le regard perdu vers les montagnes aux couleurs de l'automne. Il n'est pas rasé et porte ses vieux jeans du samedi. Moi, j'ai la tête que j'ai toujours au sortir du lit. Bref, je n'aurais jamais voulu qu'on nous voit dans un tel état!

Il vaut mieux sourire de notre accoutrement et aller à la cafétéria avaler une nourriture préparée à l'avance et servie à la chaîne.

Nous marchons côte à côte, nous nous battons pour la même cause, mais chacun de nous ignore l'arme de l'autre.

Mona, sous la tente, est à peine visible. Elle mange une crème glacée et accepte mieux sa petite maison. Nous la laisserons maintenant. Nous irons refaire nos forces. Je me sens soulagée. Tout a été mis en œuvre pour guérir notre enfant et elle est entre bonnes mains. Je pourrai enfin me reposer. Mona sent que je me prépare à la quitter. Elle veut retarder le moment de la séparation et demande la bassine. On ouvre la tente. Elle s'accroche à nous et pleure. Elle se remet à japper et on doit refermer la tente aussitôt pour en conserver l'humidité. Je lui envoie des baisers de la main, le cœur déchiré.

— Bonne nuit, ma chérie, nous serons là de bonne heure, demain.

Je me sauve avant de me mettre à pleurer, moi aussi. D'ailleurs, André me tire par la manche.

— Allez, laisse-là. Francis est en bas avec les amis qui sont venus nous chercher.

Je me doute bien de ce qu'il veut vraiment dire : il n'y a pas que Mona qui ait droit à ton amour. Les autres aussi en veulent. Ces gens sont payés pour lui manifester de l'amour à ta place. Fais-leur confiance et prends congé quelques jours. Et il répète :

— Vite, laisse-la.

Quand le médecin me conseille d'en profiter pour me reposer, je me défends :

— Est-ce que vous croyez que je la surprotège ?

Mais il répond ce que je voulais entendre :

— Non, c'est qu'elle n'est pas en danger...

Alors je le crois. Pour la première fois depuis des semaines, je vais me coucher sans ma fille. Sa chambre est en face de la nôtre et les deux portes restaient continuellement ouvertes pour que moi, sa mère toujours en alerte, je puisse déceler immédiatement le moindre bruit anormal.

Tous les soirs, j'entrais dans notre chambre, épuisée moralement et physiquement. Je dormais uniquement parce qu'il le fallait. Une partie de moi-même restait toujours à l'écoute de l'enfant malade. Je concentrais tout mon amour sur Mona. Les autres attendraient.

Ma vie de femme et d'épouse était à un point mort. Je ne me voyais nullement faire l'amour avec, tout près de nous, ma petite fille dont on avait prédit la mort pour dans quelques mois. Je ne sais pas pourquoi, mais la mort et l'amour ne se mélangeaient pas dans mon cœur.

Ce soir, je dormirai pour moi. Je les oublierai tous. Après, plus tard, je les prendrai un à un et je les comblerai.

* * *

Francis est triste et me fait des scènes avant de partir pour l'école. Chaque matin, il invente un nouveau prétexte pour rester avec moi.

— J'ai mal au ventre, mamie.

Je le cajole, le persuade, l'encourage. Il me déclare avec candeur :

— Mamie, j'aimerais te couper le cou pour pouvoir te mettre la tête dans mon sac d'école. Quand je m'ennuie, je pourrais te prendre et t'embrasser.

Je me jure de l'aimer toujours.

Son professeur m'avertit :

— En classe, ça va bien, mais, aux récréations, il est souvent seul.

Alors, ce matin, je me lèverai pour mon fils. Nous déjeunons tous les deux, papa dort encore. Francis a sa maman pour lui tout seul. Il a changé et je ne l'avais pas vu. Il sait lire maintenant. Il veut me le montrer, puisque je semble si bien disposée à son égard. J'admire tous ces mots que mon grand garçon de six ans est capable de lire. Je suis déçue d'avoir raté cette étape de son évolution. Ces dernières semaines, il s'exerçait à lire, le soir, avec la gardienne.

— T'as fait tout cet apprentissage sans l'aide de mamie.

— Tu trouves que je lis bien ?

Je passe tendrement ma main dans ses cheveux et dis :

— Nous t'emmènerons dîner au restaurant avec grand-papa et grand-maman, t'es content ?

Bien sûr qu'il est content. Mais je gâche sa joie en lui annonçant trop vite qu'il va se faire garder.

— Nous sortirons cet après-midi, ton père et moi.

— Où allez-vous? Je veux y aller!

— Non, nous sortons seuls.

Nous le laissons chez des parents, en pleurs, incapable de comprendre pourquoi nous ne voulons pas de lui avec nous.

* * *

À l'hôpital, nous retrouvons Mona en compagnie de son médecin. Les médicaments semblent avoir contrôlé l'attaque de faux croup. Le médecin se montre très satisfait de sa réaction aux remèdes et de sa façon de combattre. Il nous dit qu'il profitera de son hospitalisation pour lui donner son injection hebdomadaire et lui faire une transfusion sanguine. Il s'est dérangé un dimanche pour tout ça, afin d'épargner à notre petite famille un voyage à l'hôpital et une journée d'attente.

Il est là, comme un bon père, un pied sur la chaise, l'air détendu; il nous répète:

— Profitez-en tous les deux, sortez donc! Elle va bien, vous le voyez.

Mona le regarde avec confiance. Nous ne restons que quelques minutes. Nous irons n'importe où. Voir le moins stupide des films à l'affiche. Je me sens presque poussée à sortir, et je me dis que ce médecin a sans doute raison, il faut oublier un peu.

C'est un film de guerre, extrêmement violent. Les scènes d'atrocité atténuent un peu mon amour de la vie et j'oublie. Des soldats violent des filles et je lâche la main d'André. Le deuxième film a pour but de faire rire les spectateurs et c'est de bonne humeur que nous retournons au chevet de Mona.

Son visage a repris des couleurs. Nous savons que c'est à cause du sang d'un autre, mais le résultat nous fait plaisir quand même. Mona est gaie. Son père fait le clown avec mon chapeau de fourrure qu'il se met de travers. Mona rit aux éclats, si bien qu'il recommence avec sa perruque. Le rire de la petite est merveilleux à entendre. Ce soir-là, nous rentrons à la maison presque heureux. Nous commentons les films. Parlons de la bonté du médecin. Et du rire de Mona.

— T'as entendu comme elle riait de bon cœur.

Je suis contente. En m'invitant au cinéma, André a eu un geste envers moi. Je sais, en mon for intérieur, que c'est le médecin qui lui a suggéré de m'emmener quelque part. J'ai cru entendre : « Vous devriez sortir votre femme. » Mais quand même, il me tend la main. Il fait un effort pour être gai. Ce soir, dans l'auto, il y a une certaine paix. Demain, je reprendrai mon rôle de garde-malade. J'aurai eu deux jours de congé. Le répit n'aura pas été assez long pour nous permettre de nous comprendre, de nous communiquer nos craintes et ces douleurs que nous n'osons pas nous avouer. Mais nous avons réussi à mieux nous accepter dans notre malheur.

* * *

Le sang d'un autre ne permet que quelques jours de vie. Il en faut davantage pour continuer la lutte quotidienne. Je cherche, mais ne trouve pas. Je ne vais pas très bien. Mes vêtements sont devenus trop grands. Et ce gros ganglion que j'ai dans le cou. Il m'inquiète. Je le montre au médecin de Mona lors d'une visite hebdomadaire.

Tout en le tâtant, il se rend bien compte de la tension accumulée à l'intérieur de cette gorge de femme. Comme s'il lisait dans mes pensées, il sourit et me taquine :

— Ce doit être un gros cancer.

Je déteste ce mot. Il éveille en moi des images monstrueuses. J'essaie d'en rire. Je ris jaune. Puis il ajoute :

— C'est le stress qui cause ce mal de gorge. Prenez un petit verre de temps en temps, avant les repas, par exemple. Essayez de vous détendre, de moins fumer. Pas plus de dix cigarettes par jour.

Au début de la maladie de Mona, j'avais eu envie de faire quelque chose d'héroïque pour la guérison de mon enfant, comme d'arrêter de fumer, justement. Mais j'ai trouvé que ça faisait beaucoup trop désespéré. Alors, maintenant, je fumerai moins parce que je veux conserver ma santé pour pouvoir prendre soin de Mona.

Je continue à refuser d'avoir l'air d'une désespérée.

Quant à l'alcool, j'en prends désormais pour dénouer les muscles de mon ventre. Lorsque je m'assieds à table, après avoir donné les médicaments et m'être appliquée à préparer un bon repas, je vois les yeux inquiets de mon fils et le regard éteint de ma fille. Alors, je deviens comme eux : sans le moindre appétit. Je me relève et me verse un verre de vin. J'en avale deux ou trois gorgées et je sens la chaleur m'envahir. Je me rassieds.

André me regarde.

— Qu'est-ce que tu fais là?

— Tu le vois! Ça m'aide à avaler et à digérer. T'en veux?

— Non, merci. Je dois retourner à l'école immédiatement après le dîner.

Le soir, la vaisselle faite, quand ma gorge brûle et me fait mal, je prends la bouteille de gin, me gargarise avec le liquide pur pour me soulager et en avale une bonne gorgée pour m'aider à dormir. Il le faut. Que pourrais-je faire d'autre pour tenir le coup?

Je ne réussis, en effet, qu'à tenir le coup. Mona pâlit et Francis s'accroche de plus en plus à moi. Mon mari m'échappe. Il compense en s'engageant dans de nombreuses activités à l'école où il enseigne. Il y a des soirs où je n'attends son arrivée que pour lui demander :

— La trouves-tu plus blême? A-t-elle besoin de sang? Tu sais, je suis toujours avec elle et j'ai peur de ne pas voir à temps.

— Écoute, tu ne penses qu'à ça.

Je fais demi-tour. « Tu ne penses qu'à ça! ». À quoi veut-il que je pense? Bon Dieu! Et, n'en pouvant plus, je lui lance :

— Garde un peu, je sors.

Je marche dans le froid de l'hiver qui commence. Le gel m'attaque à l'intérieur et à l'extérieur. Je vais chez des amis. Il faut que je marche. Allez! Un pas, puis un autre. Respire un peu plus fort. Ça va te faire du bien. Il faut que je bouge, que je m'essouffle, pour pouvoir continuer. Je m'ordonne : Avance!

Puis, après un effort soutenu pendant deux coins de rue, je m'écrase dans un fauteuil et écoute mes amis raconter ce qui se passe en ville. Je n'y prends aucun intérêt et, parfois, je les interromps au milieu d'une phrase, sans égard pour ce bavardage qui ne vise qu'à me distraire :

— Je n'en peux plus! Elle est plus blême qu'avant. Elle tousse, maintenant.

Ils m'écoutent, m'encouragent.

— C'est peut-être parce que tu es continuellement avec elle.

Et l'homme me parle d'une petite cousine des « États », dont les jours étaient comptés : une maladie du sang, elle aussi. « Et puis, tu sais, elle s'est mariée, l'année dernière. » Il va de soi que personne ne fait allusion à tous ceux qui en sont morts. Plus tard, quand je suis un peu réconfortée, ils me renvoient chez moi. Je couche les enfants et crie après mon Dieu :

— Pourquoi me fais-tu ça? Que veux-tu que j'apprenne? Qu'est-ce que j'ai bien pu faire pour que ça me tombe sur la tête?

Pour la centième fois, je repense à la grossesse de Mona, à mon accouchement. Ai-je pris des médicaments? Je me souviens de sa conception comme si c'était hier. Nous avions planifié sa naissance, elle n'avait pas été accidentelle. Il y avait bien eu quelques difficultés, mais l'arrivée de cette petite fille nous avait comblés de bonheur.

Des deux enfants, c'était la plus pétillante. Elle débordait de vitalité. Je l'appelais « ma pleine de vie ». Après cet épisode de la naissance, je revois chacune de ses maladies d'enfant, la façon dont je l'ai soignée. Ai-je bien fait tout ce qu'il fallait faire?

Depuis le début, le même remords pèse sur mon cœur. Parce que j'ai eu envie de retourner au travail, envie d'un peu de liberté, j'ai fait garder les enfants. Pour soulager ma conscience, je me répétais que tous les enfants du monde se font garder. Je voulais de l'argent, des choses, beaucoup de choses. Les enfants avaient été un peu bousculés, mais mon mari avait su rééquilibrer la situation.

C'est bien fini, maintenant, la quête aux choses. J'ai été frappée en pleine figure. Désormais, je ne vivrai que pour ce qui est vraiment important!

— Mona tousse beaucoup, m'annonce André.

Ça me fait mal quand Mona tousse, il n'avait pas besoin de me le dire.

Après être allée voir mon enfant malade, je reviens à l'idée de Dieu. En mon for intérieur, je ne lui en veux pas. Il est bon et, quand j'étais bonne, je me sentais proche de lui. Mon Dieu, c'était le bien. Je le remerciais souvent de m'avoir donné la vie. Et je résiste à la tentation de me jeter par terre et d'implorer le ciel.

*   *   *

Un matin, alors que la journée a mal commencé, l'idée me vient d'aller voir une amie qui a des enfants. C'est ça, je traiterai Mona comme les autres petits. Mais Mona n'est pas comme eux ; on sait qu'elle est condamnée. Comment vit-on quand on sait qu'on va mourir ? Mais on va TOUS mourir.

Mon amie, qui trouve que Mona a très mauvaise mine, me demande :

— Va-t-elle l'avoir, sa rémission ?

Je veux croire qu'il y aura une rémission, au moins une. Il ne faut pas m'enlever cette conviction. Rémission : remettre la mort à plus tard.

Devant mon silence, elle insiste :

— Pourquoi ne l'amènes-tu pas voir un guérisseur ? Moi, en tout cas, j'essaierais.

Je me révolte contre cette idée. Un guérisseur ! Il ne manquait plus que ça ! Pourquoi ne pas faire confiance à la médecine qui cherche depuis des siècles ? Qu'est-ce qu'un guérisseur pourrait faire de plus ? Tout de même, j'examine de plus près leurs façons de procéder et je m'aperçois qu'ils vendent des images de guérison. C'est ça ! Des images de guérison, qu'ils font voir comme sur un écran imaginaire à leurs patients. Il y a des fois où ça fonctionne et d'autres où les gens en meurent. Pourquoi ? Je n'en sais rien. Mais je ne confierai pas ma fille à l'un d'eux.

* * *

103

Dès que j'en ai la force, je lis de la documentation sur la maladie de Mona. Avec une curiosité presque masochiste, je m'attarde sur les pages qui en décrivent l'évolution et où l'on explique que ces enfants sont souvent emportés par d'autres affections parce qu'ils n'ont plus de système de défense. Ça fait mal, lire !

Il s'agit bien de mon enfant à moi. Mais je veux tellement comprendre. Je veux être logique.

Cette documentation, fournie par le médecin, précise comment avertir les parents : « Le médecin a le devoir de ne pas donner de faux espoirs aux malheureux parents. » Pour ça, il ne m'a pas ratée. C'est là-dedans qu'il a appris sa leçon. Déçue, je referme le document polycopié. Je me prends la tête à deux mains. Je veux comprendre et que ce soit logique.

La médecine dit :

— On administre des médicaments et on prolonge la vie du malade.

Oui, mais il meurt quand même.

C'est un peu comme lorsqu'on mange une pomme en sachant qu'on va se rendre malade ; on l'est à tout coup.

Et le Dieu de mon enfance disait :

— Je décide de la vie et de la mort.

Les guérisseurs, eux, offrent des images de guérison.

* * *

André entre. Il revient du monde extérieur, où l'on vit.

— Hé! Tu sais j'ai rencontré des gens intéressants. Ils sont de Trois-Rivières. C'est un couple comme nous, une Québécoise mariée à un Américain. Lui, il ne parle presque pas français.

Je l'écoute distraitement. J'ai autre chose en tête. Et, soudain, j'entends :

— J'aimerais les inviter à souper pour samedi soir. Tu veux bien?

Immédiatement, je me rebiffe :

— Qu'est-ce qu'on va leur dire, quand ils vont voir la petite?

Je me vois en train de présenter ma famille... Et toutes ces questions auxquelles il faudra répondre. Pourquoi est-elle enflée? Pourquoi n'a-t-elle plus de cheveux? Pourquoi ne joue-t-elle pas? Pourquoi est-elle si blanche?

Il a pensé à tout ça :

— Nous fixerons le souper à une heure plus tardive. Vers huit heures, disons. Nous prendrons quelques cocktails avant de passer à table. Les enfants dormiront à ce moment-là.

Je me mords les lèvres. Je le trouve déraisonnable de me demander une telle chose. Comme si je n'avais pas déjà assez à faire sans ça. Mais je ne trouve rien à lui opposer comme refus et il attend une réponse.

— D'accord.

Et, un peu inquiète, j'ajoute :

— Attends, parle-moi d'elle.

Il dit en souriant :

— Elle est bien gentille. Elle enseigne l'anglais. Elle est blonde et jolie...

Je l'interromps :

— J'm'en doute bien qu'elle est jolie !

Non mais, il n'a vraiment pas de cœur ! Il me pousse comme une machine. Vas-y ! Au bout ! Et moi, je suis assez bête pour me laisser faire. Je regrette d'avoir dit oui. Il ne pense qu'à lui. Jusqu'à présent, je lui faisais confiance, je croyais que c'était un homme juste. Mais, cette fois, il se trompe sûrement. Ce n'est pas une chose à faire, recevoir des amis, se divertir.

Je me prépare pour ce dîner. Malgré tout, je veux qu'il soit réussi. Mona ne me laisse pas un instant de répit.

— Je veux aller patiner, mamie.

Je sais très bien que c'est un caprice et qu'elle se fatiguera vite ; elle pleurnichera et je devrai la ramener dans mes bras.

— Je n'ai pas le temps.

Mais je me reprends presque aussitôt. Vivre pour ce qui est important. Oui ! Mais tout est important... Bon, certainement pas le ménage. Et je lance mon torchon dans un coin.

— Viens, nous allons aller patiner. Mais pas longtemps. Et, surtout, tu ne pleureras pas quand je te dirai qu'il est temps de rentrer.

Mona est surprise de ne pas mener tout le monde par le bout du nez, aujourd'hui. Moi, je pense à ces inconnus qui viendront dîner ce soir. Installé à sa table de travail, André prépare ses cours de la semaine prochaine. Il ne se préoccupe de rien, se décharge de tout sur moi. À un moment donné, il va chercher une note dans son veston, dans notre chambre. En passant, il me prend dans ses bras sans que j'aie pu prévoir son geste. Il dit :

— Je t'aime, tu sais.

Je n'y comprends plus rien. Il m'aime. C'est ça, aimer, c'est se le dire. Je le regarde dans les yeux, cherchant à m'accrocher à quelque vérité. Je sens mon cœur se gonfler. J'ai peur de me mettre à pleurer. Et, comme chaque fois que je ne semble pas comprendre, il se met à parler en anglais :

— Well, do you know? I do love you.

— Oh! I don't know anything any more.

Et je sors avec Mona qui m'attend à la porte, un bonnet de laine rouge sur la tête, emmitouflée dans son manteau. Elle a presque l'air... normal. Du moins pour moi, sa mère.

— Il te va bien, ce chapeau, Mona.

* * *

Comme si Mona avait compris, elle ne se réveille qu'une seule fois pendant le souper, pour aller aux toilettes. André explique très brièvement :

— Elle a la leucémie. Elle suit un traitement et c'est à cause des médicaments qu'elle a perdu ses cheveux.

Il dit cela comme on dit : j'ai mal aux dents, je prends des antibiotiques ; c'est pourquoi j'ai la joue enflée. Et puis, plus rien. Il retourne à sa dissertation sur la façon d'enseigner l'anglais comme langue seconde au Québec.

Nos invités ont d'abord le souffle coupé par le mot « leucémie », mais, devant sa façon d'escamoter le sujet, ils continuent de bavarder comme si de rien n'était.

Je n'écoute plus. Je ne sais pas si je devrais l'admirer ou le détester de pouvoir parler si légèrement de la maladie de notre fille. Je m'imagine ce qui ce serait passé si on avait parlé de la petite malade avec une abondance de détails et en y mettant beaucoup de tragique. Je vois les visages s'attrister, les cœurs se mettre à battre plus vite et les hommes retenir leurs larmes pour que les femmes ne pleurent pas plus fort qu'elles ne le font déjà. Je me demande ce que je veux... Rire ou pleurer ?

J'offre de la salade à nos convives en pensant : Il n'a pas menti. Il a dit ce qui est en omettant simplement les détails désagréables, ceux qui auraient pu l'empêcher d'atteindre son but : passer une bonne soirée.

Il me verse du vin.

— Merci.

Je regarde son sourire confiant. L'autre femme est jolie et semble intéressée par ses propos, mais, heureusement, elle est amoureuse de son Dick. Ça se voit et mon inquiétude s'en trouve apaisée.

Nous nous couchons. Comme d'habitude, je suis à la fois épuisée et un peu perdue. Je m'inquiète en pensant à demain. Dormir au moins quelques heures. Peut-être devrons-nous nous rendre encore à l'hôpital. Je suis toujours sur le qui-vive, prête à réagir en cas d'urgence. J'attends, je guette même cette éventualité. J'ai rangé la vaisselle, vidé les cendriers.

Il me regarde tendrement, mais n'insiste pas en me voyant si absorbée par tout ce que j'aurai à faire demain. J'ai laissé passé l'occasion !

* * *

Mona s'agite et dit, du plus fort qu'elle peut :

— Mamie, c'est pour toi, le téléphone.

— Chérie, tu ne devrais pas répondre au téléphone. Les gens ne t'entendent pas avec ta voix qui ne veut plus parler fort.

C'est ma mère et elle a oublié ce qu'elle voulait me dire. Elle ne peut que s'exclamer :

— Mais, qu'est-ce que c'est ça ? Elle a perdu la voix ?

Eh ! oui ! Elle a perdu la voix. Bien sûr, je sais que c'est important, la voix. Ça fait terriblement malade, une petite voix éteinte. Qu'est-ce que vous voulez, Mona perd tout. Ses cheveux, sa voix, sa beauté, sa silhouette. J'explique :

— Un petit ulcère se forme sur ses cordes vocales.

La grand-mère appelait pour me parler de la neuvaine à saint Joseph qu'elle a commencée. Elle a le cœur tellement brisé par cette petite voix qui chuchotait : « Attends, grand-maman, attends, grand-maman », qu'elle ne peut m'encourager. Si ! Elle le peut :

— Je viendrai samedi. J'ai une médaille pour Mona.

Devant mon peu d'enthousiasme, elle n'insiste pas. Puis, elle me demande :

— T'as reçu le livre que je t'ai envoyé ?

Pour m'aider à tenir le coup, elle m'avait adressé par la poste « Les Miracles de la pensée », de Joseph Murphy. C'est un livre plein de pensées positives, accompagnées d'anecdotes.

— Oui, je l'ai reçu. Tu sais, ça n'empêche pas les

malheurs, mais, pendant que je réfléchis à ces pensées, j'oublie que j'ai mal.

Maman se sent encouragée. Au moins, elle le lit, pense-t-elle. Cela lui donne assez d'audace pour me confier sa recette personnelle :

— Tu sais, je prie pour Mona tous les soirs. Je me l'imagine comme avant, lorsqu'elle allait bien. Je la vois rayonnante de santé.

Elle est seule à parler ; s'en rendant compte, elle abrège son monologue :

— Essaie, toi aussi. Je sais, c'est difficile pour toi. Tu la vois tous les jours, si malade...

Je raccroche en me demandant si ma mère a bien toute sa tête. Que pouvait-elle vraiment vouloir me dire ? Je connais son intérêt pour le yoga et le spirituel en général. Ses paroles ne m'ont pas étonnée et j'y réfléchis longuement : Vois-la en bonne santé ! Imagine-la guérie. Voir, comment VOIR ?

* * *

Le lendemain, je dois aller à l'urgence avec Mona pour une injection d'antibiotiques.

Dans la même salle que nous, il y a une petite fille, une retardée mentale, qui doit avoir environ six ans. Ses yeux ressemblent à ceux d'un poisson, à fleur de tête, sans couleur précise et sans vie. Elle a un gros corps, informe, et de petits membres courts aux fines extrémités. Sa maman la regarde tendrement et l'appelle : « Mon petit trésor ».

Je me dis que la pauvre dame ne voit pas très clair et que c'est magnifique.

Les médecins s'affairent autour de la petite retardée. L'enfant comprend mal ce qu'on attend d'elle et sa maman le lui répète avec beaucoup d'amour et des sons bizarres, dans un langage commun à toutes les deux. Puis la petite finit par accepter le thermomètre dans sa bouche aux lèvres pendantes.

Je les regarde lutter pour garder cette enfant en vie. Quelqu'un croit en la vie de cet être. Je me retourne vers Mona dont le regard, au moins, brille d'intelligence. Émue, j'en remercie le ciel. Moi aussi, je continuerai de lutter. J'ignore pour le moment quelles seront les armes que j'emploierai, mais je les essaierai toutes s'il le faut. Je me le jure.

* * *

Mona a retrouvé sa voix pour quelques jours.

Dans mon livre, « Les Miracles de la pensée », j'ai lu, ce matin, pendant la lessive, que :

« Si tu veux quelque chose et t'attends au contraire, tu ne l'auras jamais. »

Et l'auteur donne plusieurs exemples de ce qu'il avance, exemples dont je commence à entrevoir la signification.

Je songe à toutes ces fois dans ma vie où j'ai voulu quelque chose et où, plus souvent qu'autrement, je l'ai effectivement obtenu parce que je m'étais imaginée victorieuse.

Je me revois lorsque j'ai postulé mon premier emploi. Personne n'était plus convaincu que moi de ses capacités à assumer les responsabilités inhérentes à la fonction. Impressionné par tant de confiance, le patron m'avait engagée. Il va de soi que je n'aurais jamais eu le poste si j'avais eu l'air battue d'avance.

Je lève les yeux de mon livre. Mona vient de prendre sa cortisone. Elle est assise, le doigt tendu vers une lampe allumée. J'espère que la chaleur dégagée par l'ampoule fera éclater l'abcès qui a commencé à se former. Chez Mona, la moindre égratignure s'infecte aussitôt. Son doigt lui élance et elle se plaint de temps en temps.

— Mamie, si tu savais comme ça fait mal...

— Mets-le sous la lampe, ma chouette, le docteur a dit que ça le fera mûrir plus vite.

Comme je me crois toujours responsable des infections de ma fille, j'ajoute de l'eau de javel à la lessive pour mieux stériliser tout ce que Mona pourrait toucher. Je devrai désinfecter davantage. Moralement, je traîne les pieds.

Devant l'attention dont sa sœur est l'objet, Francis veut aussi avoir sa part. Il veut savoir si on l'aime autant que Mona et il tombe malade.

Son organisme refuse de combattre la pneumonie qu'il a attrapée. La fièvre monte à 104°. Au médecin à qui je téléphone presque quotidiennement, je dis, cette fois :

— Ce n'est pas pour Mona que je vous appelle. Mon fils est très malade. Il ne mange pas, il a beaucoup de fièvre et je suis très inquiète. Je ne peux pas me rendre à l'hôpital.

Et le médecin vient seulement pour Francis qui, du coup, semble à moitié guéri. Tout le monde l'entoure de soins, même Mona qui, dans ses bons moments, lui apporte des jus.

C'est incroyable, tous ces malheurs qui me frappent depuis deux mois. J'en arrive à croire qu'on m'a jeté un mauvais sort. Je fais la navette entre les deux lits. Je ne m'appartiens plus, les enfants décident de tout. Je prépare des repas auxquels ils ne touchent pas et à peine ai-je fini de tout ranger qu'il y en a un qui réclame quelque chose, croyant pouvoir manger un peu. Aussitôt, je cours à la cuisine.

Le médecin a insisté pour que Francis boive beaucoup :

— Donnez-lui n'importe quoi, il faut qu'il avale des liquides en quantité.

Francis demande. Mona, elle, ordonne. Ils sont les maîtres de la maison. Si l'un veut un baiser, je me précipite aussi vers l'autre pour ne pas faire de jaloux. Une histoire à l'un, et, tout de suite après, j'enchaîne avec la préférée du second. Francis se lamente beaucoup plus que Mona. Il se plaint d'avoir mal au ventre, mal au cœur, mal à la tête et il crie souvent qu'il aimerait mieux mourir. Je le supplie de ne pas dire ça.

— Voyons, mon grand, tu dois avoir une petite mission à accomplir, toi aussi.

Je ne crois plus qu'à moitié en ce que je raconte. La mission sur la terre. Je suis si fatiguée. L'inquiétude me ronge. Francis n'a rien avalé depuis quatre jours et, le soir, la fièvre monte de façon alarmante. Le médecin vient et donne des antibiotiques à Mona afin de la protéger du mieux possible contre ce vilain virus. Il repart en me disant :

— Bon courage, madame.

— Vous savez, j'essaie de désinfecter le plus possible.

Dans un haussement d'épaules, il répond :

— Ça ne changera pas grand-chose...

Essayer, il faut au moins essayer, me dis-je en refermant la porte derrière lui.

Il y a une force qui me pousse à continuer. Je la sens en moi. Je désinfecte toute la maison. J'ai des produits en aérosol contre les microbes, j'ajoute de l'eau de javel à tout ce que je lave, je mets du camphre sous les oreillers des enfants. Je veux tant les sauver.

Avec tout ça, on a oublié le chien qui en devient pitoyable. Un soir, il se met à tousser et fait des efforts pour vomir. Je suis furieuse. Lui aussi? Ah non! Il peut bien crever, celui-là. Il y a tout de même une limite. J'en ai déjà assez comme ça avec les enfants. Mais Mona pleure et veut qu'on soigne le chiot.

— Écoute, je n'ai pas d'argent pour aller chez le vétérinaire.

— Mamie, prends l'argent de ma tirelire.

— Le mien aussi, implore Francis.

Comme une voleuse, j'éventre leurs petits cochons. Je réussis à récupérer dix dollars et fais venir la gardienne. Kiki est enveloppé dans une couverture.

Le diagnostic : pneumonie et bronchite.

Le lendemain, le chien prend ses antibiotiques en même temps que les enfants. La farce! La farce dans toute son absurdité!

Je me sens manipulée par quelque mauvais esprit. Qui m'envoie tous ces malheurs? Serait-ce que je les ATTIRE?

* * *

Maman vient nous faire une visite éclair. Elle apporte une médaille de saint Joseph pour Mona. Nerveusement, elle répète qu'elle connaît un garçon que ce saint a guéri de la leucémie. À mi-voix, elle essaye de me convaincre de la laisser faire.

— Ça ne peut certainement pas nuire.

Elle insiste :

— Il faut frapper le subconscient de l'enfant avec quelque chose de tangible. Laisse-moi essayer.

Perplexe, je lui réponds :

— Je n'aime pas créer une dépendance, surtout pas vis-à-vis de fétiches.

— Oh ! je t'en prie, je ne veux que lui parler. L'objet est nécessaire pour qu'elle comprenne plus facilement.

Bon, je fermerai les yeux, je la laisserai se livrer à son petit manège. Après tout, pourquoi pas ? Quel mal peuvent faire une petite médaille et une invocation ?

La grand-mère entre dans la chambre. Mona repose dans une demi-obscurité. Dans un demi-sommeil.

— Si ça ne te fait rien, je vais fermer la porte, lui chuchote ma mère.

Plus à l'aise dans le noir, elle raconte à Mona une histoire où le héros, convaincu qu'il va guérir, recouvre effectivement la santé. On ne voit briller que le regard convaincu de la grand-mère et la médaille. Mona la regarde attentivement ; elle vient directement de l'Oratoire, juste pour elle, dit grand-maman. Elle la dépose sur le ventre de l'enfant qui veut croire.

— Bon saint Joseph, guérissez Mona.

La petite est très impressionnée. Elle promet de répéter ce rituel tous les soirs : déposer la médaille sur son ventre et dire l'invocation. Bientôt, elle s'endort, confiante, avec saint Joseph sous son oreiller, à côté du camphre auquel on attribue le pouvoir de détruire les microbes.

Maman ne reste pas longtemps. Elle invente un prétexte. Moi, je sais que la vue de la petite malade qui devient de plus en plus méconnaissable lui fait mal.

De plus, elle étouffe dans cette maison où règne la maladie, avec sa pauvre fille qui se débat au milieu de tout ça. Son gendre est dans son bureau et elle ne sait plus que penser de lui. Il semble n'avoir aucune réaction, paraît gelé par les événements. Serait-il paralysé par une sorte de torpeur? A-t-il les yeux bien ouverts? Incapable de nous aider, elle se sauve en nous confiant à Dieu.

Francis insiste pour avoir une médaille, lui aussi, et, peu après, il en reçoit une identique par la poste.

Les soirs suivants, en voyant que mes enfants sont si heureux avec leurs médailles, je fais une petite prière avec eux. D'ailleurs, je le faisais toujours avant la maladie de Mona. Ils inventaient eux-mêmes une formule dans laquelle ils remerciaient le ciel pour les bonnes choses de la journée et demandaient à l'ange gardien de rester à nos côtés et de nous protéger. J'ai toujours aimé l'idée d'un ange bon et beau qui nous aiderait à choisir entre le bien et le mal. Cela a un côté rassurant, et puis, qui peut affirmer qu'il n'en existe pas? Les bons esprits. Les mauvais esprits. Le bien — le mal. La santé — la maladie. La vie — la mort.

Mona veut avoir sa médaille sur son ventre. J'hésite.

— Grand-maman l'a dit.

— Raconte-moi ce que grand-maman t'a dit.

Après avoir écouté son récit et devant cette foi naïve, je ne peux plus résister :

— Voilà, pense bien fort à ce que tu dis.

— Bon saint Joseph, donne une bonne santé à Mona.

Je recommence avec Francis, mais en y mettant peut-être un peu moins d'insistance.

* * *

Mon frère cadet me téléphone.

— Où es-tu?

— Je suis à Sherbrooke, pour affaires.

— Mais viens, tu n'es qu'à quelques milles d'ici.

Il ne peut pas, il est trop occupé. Je n'écoute pas ses excuses. Je sais que lui aussi préfère ne rien voir. Tant pis, je vais le mettre au courant malgré lui. À sa question : « Comment ça va? » je réponds :

— Ah? Tu ne sais pas? Mona ne parle plus, de nouveau. Elle chuchote, tu n'as pas idée comme c'est fatigant. Je dois continuellement tendre l'oreille pour comprendre ce qu'elle veut. Elle se fâche si ses ordres ne sont pas exécutés sur-le-champ.

Pourquoi veux-je lui raconter tous mes malheurs? Je l'aime bien, pourtant, mon petit frère. Il ne me laisse pas continuer :

— Il ne faut pas que tu lâches...

Ça me fait du bien d'entendre ces paroles. Ce sont celles que je prononçais moi-même, autrefois. Quand j'étais forte et débordais de confiance. Pour entendre quelques échos de ma propre jeunesse, de ma fougue d'antan, je continue.

— Tu sais, l'autre aussi est malade. En plus, il passe son temps à me dire qu'il aimerait mieux mourir.

— Chrisse, arrête-moi ça !

J'esquisse un sourire. Je trouve drôle de l'entendre sacrer au lieu de me dire tous les mots qu'il veut taire. Il est si jeune et plein de bonne volonté. Avant de me quitter, il me répète, les dents serrées :

— Lâche pas, p'tite sœur.

Je n'ai pas eu le temps de raccrocher que mon fils recommence une fois de plus à se lamenter.

— Mamie, j'ai mal partout, je voudrais mourir.

Je l'empoigne par les deux bras :

— Toi, si t'arrêtes pas de dire ces mots-là, je ne sais pas ce que je te fais. J'en ai assez d'entendre des paroles comme celles-là. T'as compris ?

Voyant que l'enfant est saisi, j'enchaîne :

— Va te coucher tout nu dans ton lit, comme le médecin l'a dit. Ça fera baisser ta fièvre. Tu ne bois pas assez, non plus. Je le sais, ça te donne mal au cœur, mais essaie ! Essaie encore ! Tiens, du « Seven-Up », tu aimes cela, d'habitude.

Je le secoue presque. Il obéit.

* * *

Dans une situation comme celle-ci, tout le monde veut aider. On a peur, mais on veut quand même. Alors, le téléphone s'avère le seul moyen qui permette de tendre la main sans avoir à se retrouver en face des malheureux.

Une tante, croyant faire son devoir, m'appelle pour me manifester sa sympathie. Elle a vécu à peu près la même chose que moi. L'année dernière, un cancer a emporté son mari.

J'avais entendu parler de la dignité dont elle avait fait preuve jusqu'à la fin. Ma trop bonne tante parle de sérénité en face de la mort. Elle n'en finit plus de me dire comme elle comprend bien ma situation de pauvre petite femme prise avec un enfant qui va mourir.

D'un ton plein de résignation, elle m'exhorte à céder :

— Accepte, ma fille, ne te révolte surtout pas. C'est la meilleure façon, je t'assure.

Vous savez, son mari a été très bien soigné. Et toute la parenté est accourue pour le voir lorsqu'on a appris qu'il se mourait. En épouse dévouée, elle l'a soulagé de son mieux. Et surtout, elle a gardé sa sérénité et son calme. Il est décédé, comme prévu.

Elle me donne un avant-goût de la mort. Et elle a la preuve de ce qu'elle avance : son mari est bien mort.

Je suis anéantie et ne peux que répondre, comme une petite fille bien élevée :

— Oui, ma tante, je comprends.

— Ça fait moins mal comme cela, tu vas voir.

120

Tu vas voir, tu vas voir... Elle avait vu, elle? Je me laisse tomber sur le tapis, entre deux fauteuils pour me cacher un peu. Les coudes appuyés sur les genoux, la tête entre les mains, je pleure.

Ai-je eu tort pendant tout ce temps où j'ai lutté? J'aime me battre. J'ai ça dans le sang. Et ce n'est pas le fait d'y renoncer qui supprimera la douleur devant la mort.

Les enfants me regardent. Depuis combien de temps?

— Pourquoi pleures-tu, Mamie?

Je ne peux pas leur dire que cet appel voulait me faire accepter la mort de l'un d'eux. On ne dit pas ça à de petits enfants. On les fait rêver avec de belles histoires, sinon ils ne voudraient jamais grandir. Je les serre tous les deux dans mes bras et leur promets de ne plus pleurer. Pour camoufler ma faiblesse passagère, je dis:

— Vous savez, mamie est bien fatiguée. Vous devriez m'aider, voulez-vous?

Et, ensemble, nous ramassons les jouets.

Puis ma tristesse se transforme. En rage. Contre moi-même. Je m'en veux... Ainsi, on n'a qu'à me téléphoner et à me dire des mots... des mots... et je me conforme à ce qu'on attend de moi, étant donné les circonstances: je m'attriste et cède au découragement. Tout est noir devant moi. Je ne sais plus où je vais. Pourquoi me laisser aller à gauche et à droite, en haut et en bas, ballottée au gré des attitudes que les autres veulent m'imposer? Quel est mon but à moi? Quel est mon rêve? Le mien, pas celui des autres. Je m'empourpre, je me sens vivante.

J'installe les enfants devant la télé et coupe court à la querelle habituelle.

— Non, non, pas de dispute au sujet de l'émission.

Et, sans le moindre sentiment de culpabilité, je donne la préférence à Francis.

— Demain, je verrai à qui faire plaisir.

* * *

121

Assise dans mon fauteuil, les jambes repliées sous moi, je me sens terriblement divisée. Mes forces se perdent quelque part, entre le pôle de l'espoir et celui du désespoir. Bien sûr, j'ai appris à vivre vingt-quatre heures à la fois. Jamais je ne pense à plus tard. Je me serais sûrement enlevé la vie si je m'étais arrêtée à imaginer ce que sera l'an prochain. Et depuis, je ne rêve plus. Je ne me laisse jamais alle à penser aux années à venir, en les parant de toutes sortes de bonheurs. Non, je refuse le rêve. J'ai bien trop peur que mon imagination ne me conduise au cimetière, après la Cérémonie des Anges. Jamais je ne pense à plus tard.

Cette mort qui rôde empoisonne ma façon de vivre, d'aimer mes enfants et mon mari. Elle est bien là, on nous l'a confirmé, données scientifiques à l'appui.

J'ai appris à repousser avec force les images tristes, mais je ne sais pas par quoi les remplacer. Comment trouver un antidote, un contrepoison, sans tomber dans l'illogisme ?

Il faut être fou pour penser qu'une médaille peut nous guérir. Il faut être fou pour penser que demain va être meilleur alors qu'on sait qu'on va vieillir et que la mort nous attend au bout du chemin. Il faut être fou pour penser que la vie est belle quand elle n'est qu'une guerre entre le bien et le mal, la maladie et la santé, la haine et l'amour.

Oui, c'est illogique de croire en l'amour.

Un mariage sur deux se termine par un divorce ou une séparation. Néanmoins, en dépit des statistiques, j'avais rêvé de l'amour. Sans penser qu'il serait temporaire. J'avais dit oui à l'amour. Puis, j'ai vécu comme s'il devait durer toujours. J'ai fait comme si... C'était pourtant illogique.

Malgré ça, je m'étais préparée, dans mon cœur, à une réussite et non à un échec. J'avais cru en l'amour et même quand tout semblait perdu j'y croyais encore.

Le renouveau, la vie, il faut y croire. Même si c'est insensé.

Soudain, tout s'éclaire devant moi. Mon rêve. Il s'était presque effacé. J'avais laissé les événements effacer mon rêve.

Je passe en revue les armes qu'on m'a suggérées:

— Les guérisseurs qui vendent des images de guérison.

— N'attends pas de faveur si tu es convaincue que tu n'en recevras pas.

— Vois-la en bonne santé, imagine-la comme avant.

— Les médailles aident à croire.

— Dieu donne la vie et la retire.

Qui m'a donné Dieu?

Pense à autre chose, me disait mon mari.

Le médecin soigne ton enfant, il fait son travail: aucun espoir. Toi, fais-tu le tien? Que dois-tu faire, toi?

Le soleil est presque éteint au fond de ton cœur et tu veux que ton enfant vive.

Le veux-tu? Ou ne le veux-tu pas?

* * *

Je réfléchis à mon rêve durant toute la journée. Je voudrais le définir à nouveau. Quel était mon but? Qu'est-ce qui me faisait avancer jusqu'à présent? Pourquoi continuais-je d'aller de l'avant? Vers où? Vers quoi?

Je revois les beaux moments de ma vie.

L'après-midi passe plus vite que d'habitude. Les enfants pleurnichent et je m'occupe d'eux, un sourire au coin des lèvres.

Le soir, j'accueille André avec une petite flamme au fond des yeux.

Nous nous sommes couchés. Ainsi qu'il s'y sent obligé depuis tant de semaines, il est tourné contre le mur. Je suis crispée, angoissée. Je le regarde, complètement terrorisée par ce que je vois. Quel gâchis... Car, ce soir, je vois nettement les dommages qu'a subis mon rêve : L'AMOUR.

Je cherche une entrée en matière. Je ne sais pas trop comment il réagira après un aussi long silence. Si Mona pouvait arrêter de tousser, il me serait plus facile de parler. Je sens que ça ne peut plus attendre. Je me relève et vais lui donner un peu de miel. Je referme presque complètement la porte de notre chambre. André sent qu'il se passe quelque chose et me surveille du coin de l'œil.

J'ose. Je chuchote :

— Regarde... ce que ça nous a fait, à tous les deux.

Il est dans mes bras avant même que j'aie terminé ma phrase. Non, c'est moi qui me retrouve dans les siens. Qui a bougé le premier? Je ne sais plus. Ça n'a pas d'importance. Je ne lui en veux plus de ne pas m'avoir comprise, je ne me comprenais pas moi-même. Je n'aurais pas dû l'exiger de lui. Je n'aurais rien dû exiger. Me contenter d'être là. Avec lui. Ensemble. Je déteste celle que j'ai été, ces derniers temps. Une martyre qui encaissait les coups et évitait seulement de commettre des actes irréparables. Évitait !

— Je regrette tout, tout. Je ne savais plus ce que je disais.

Je l'embrasse.

J'avais trouvé une raison de vivre en voulant tenir bon pour mes enfants.

— Toi, mon amour, je ne pensais pas à toi.

Mon instinct de mère détruisait ce qui était à l'origine même de mes maternités.

Je voulais bâtir. Bâtir. Vivre au centuple. Et je ne bâtissais plus, je parais les mauvais coups de la vie. Était-ce ça, vivre ?

Son visage tourmenté s'appuie contre mon sein, pourquoi me croyais-je seule à souffrir ? Lui aussi aime et souffre.

Quand, le cœur enflammé, j'ai dit : « oui à l'amour », je savais que je disais oui aux joies et aux peines ; mais à de petites peines sans importance qui ne font qu'attiser l'amour, pas à d'aussi grosses peines.

Je me sens piégée par l'amour. Comme un chevreuil enfermé dans un enclos. Nous avions parlé de liberté et nous constatons qu'il nous faut continuer.

Et je m'accroche à lui de toutes mes forces. Je vois son rêve et le mien, et je veux faire en sorte qu'ils soient réalisables : Réalité. Ce soir, nous unissons nos rêves et nos corps.

En le sentant palpiter dans mon corps j'éclate. Toutes les tensions de ces dernières semaines se bousculent dans ma gorge. Des sons étouffés sortent de ma bouche. Je sanglote. Je crie. Je me sens unie à une force, à une source stimulante. Reliée à un dieu bienveillant, dans un univers où le bien l'emporte sur le mal, où l'amour vainc la haine.

André me ramène tendrement sur terre.

— Pas si fort, chérie, tu vas réveiller les enfants.

Nous avons si bien fait l'amour que je ne me souviens que vaguement du plaisir que j'ai éprouvé.

Blottie dans ses bras, je pense, je m'explique...

Il faut que je me transforme. Intérieurement. Je sais que c'est là que résident mes forces. En vivant vingt-quatre heures à la fois, je me suis laissée conditionner par le mot « temporaire ». Chaque jour me rapprochait de la fin. J'attendais une fin. Je subissais le temps. Désormais, j'empoignerai la vie avec vigueur.

Il dort. Je déplace son bras, plus haut, autour de mon cou, pour être plus à l'aise et continuer de réfléchir. D'abord, je vais me comporter autrement avec mon enfant malade. Voyons un peu si on traite un enfant incurable de la même façon qu'un autre dont la maladie n'est que passagère.

Un enfant qui va mourir, on lui offre un jouet, les larmes aux yeux, en pensant que c'est peut-être le dernier. Un enfant qui va mourir, on lui pardonne tout. On l'excuse continuellement. On s'endette pour satisfaire ses moindres désirs. On devient son esclave. On ne le gronde jamais. À quoi bon? Un enfant qui ne grandira pas, on ne lui refuse rien. On lui donne tout : son temps, son amour, sa santé, son attention. Tout. Il n'a qu'à montrer du doigt. Il connaît son pouvoir et regrette de voir ses parents devenir des marionnettes. Avec un enfant condamné, on vit comme s'il était effectivement sur le point de mourir. On l'aime d'un amour qui l'étouffe, le tue.

Par contre, quand il s'agit d'un enfant qui n'a qu'une mauvaise grippe, on le soigne de son mieux, mais d'une tout autre façon. On le gâte un peu pour adoucir les jours qu'il est obligé de passer à la maison au lieu d'aller jouer avec ses amis. Mais cela n'a rien à voir avec l'attitude funeste qu'on adopte inconsciemment avec l'enfant qui va mourir.

Désormais, pour l'amour de ceux que j'aime, je croirai à l'incroyable. Je croirai que mon enfant va vivre. Je la traiterai comme si elle devait guérir. Je vivrai un rêve insensé. En changeant ma façon de voir les choses, je changerai ma façon d'être. Mes mains deviendront douces quand je la laverai, elles se feront tendres, mais elles ne seront plus jamais tristes. Mes baisers seront emplis d'amour; jamais plus ils ne goûteront l'amertume des derniers adieux. Mon regard sera attentif pour bien voir lorsque des soins plus particuliers s'imposent, mais jamais plus je n'aurai un regard qui guette la mort. Ma voix se transformera, mes gestes seront plus sûrs, mon amour plus solide, mieux partagé.

Désormais, dans cette maison, on attendra la VIE. On attendra de BONNES NOUVELLES.

Je me sens terriblement femme. Une femme met de la couleur dans sa maison. Ce soir, blottie dans les bras d'André, sans cesser de m'agiter, je rêve de mon foyer comme lorsque j'étais une jeune fille. À cette époque, l'amour se voyait partout, même sur les murs. Il se voit encore aujourd'hui.

Il murmure :

— Tu ne dors pas encore, à quoi penses-tu comme ça ?

Je ne veux pas qu'il puisse penser que je divague et je l'embrasse en lui disant, entre chaque baiser :

— Je t'aime, bonne nuit, mon amour.

Je rêve encore longtemps. Je cherche également comment dissimuler mon rêve. Il ne faut pas en parler aux médecins, ils me le démoliraient à coup sûr avec leur logique. Un médecin vit avec des statistiques, des rapports sanguins inscrits sur un bout de papier, des médicaments dosés avec précision, et il fait son travail. Moi, je ferai le mien. Et ce sera un secret entre Mona et moi. Seul mon comportement sera visible.

Je me demande ce qui me pousse à vouloir changer. À vouloir changer ma façon de vivre et de rêver. Est-ce pour avoir moins mal ? Bien sûr, un mauvais moment est toujours moins pénible quand on le sait temporaire et qu'on imagine déjà la fin de la tempête et le soleil qui se remet à briller.

D'un autre côté, j'ai la certitude que ma fille sera beaucoup plus heureuse. Qui aurait envie d'être traité comme s'il allait rendre l'âme ? Francis ne sera plus inquiet.

Plus de compétition avec une sœur qui a la mort comme atout. Et puis, quand une femme sait que son enfant va guérir, elle est capable de l'oublier un peu au profit de son mari. Elle est capable de faire l'amour. Elle est capable de penser à elle. À son rêve. Une femme qui rêve vit doublement. C'est une vraie femme. Elle s'épanouit. Elle se dénoue. Elle s'ouvre au monde. Me voilà complètement emballée. Je veux aller au devant du monde entier.

Non, bien sûr, mais mon idée me plaît. En réalité, elle est le fruit des bonnes pensées que m'ont suggérées ceux qui m'aiment. Je me servirai des armes qu'ils m'ont conseillées. Je me battrai avec mes pensées, mes images, mes désirs, mes espoirs. Mon esprit sera ouvert à la VIE. J'ai CHOISI.

Je connais ma ténacité, je connais la réalité. Je sais que je devrai continuellement rebâtir mon rêve, recommencer. Il n'y a là aucune magie, je devrai repartir à zéro chaque jour, chaque semaine, chaque mois.

— Tu ne dors pas encore? (André en a assez de me sentir bouger.)

— J'ai chaud, tu me couvres trop.

Je repousse la couverture et je m'endors.

* * *

Le traitement de Mona tire à sa fin et les prises de sang n'indiquent à peu près pas de changements, sauf que les plaquettes sont un tout petit peu plus nombreuses. Son état général arracherait des larmes à un bourreau. Son organisme refuse de combattre les infections. Elle devient insupportable à cause de tout ce qu'elle doit supporter et avaler. Elle fait des scènes pour un rien, mais pleure rarement quand elle a mal.

Depuis un bon quart d'heure, Mona est assise sur le cabinet. André regarde sa fille pliée en deux. Entêtée. Il attend avec patience qu'elle fasse pipi.

— Écoute, va jouer. Tu essaieras plus tard.

Les yeux furieux, les muscles du cou gonflés, Mona lui répond en hurlant :

— Non, j'ai envie.

Impuissant, il revient dans la cuisine, poursuivi par les cris de la petite.

— J'ai mal aux fesses.

Mona s'obstine à rester juchée sur le cabinet, de peur que son envie ne soit réelle et qu'elle ne mouille sa culotte. Finalement, son père la prend de force et elle s'emporte violemment. Il réussit à la calmer en lui montrant dans le miroir le grand cercle rouge que le siège a imprimé sur ses fesses. Je cherche comment remédier au problème et diminuer le temps passé sur la toilette. Et je finis par trouver un grand plat jaune. Les fesses de Mona touchent au fond, ce qui évite que la pression ne s'exerce toujours au même endroit. Le grand plat jaune l'accompagne partout dans la maison, devant la télé, dans la salle de jeux. Elle a toujours envie et ne réussit à uriner que quelques gouttes à la fois. On installe le plat sur une chaise et on joue au « Trouble », en attendant que ça vienne. Pendant de longs moments, on en arrive à oublier que ce sacré pot est toujours là.

— Vas-y, ma chouette, c'est à ton tour. Tu ne vas pas me jeter dehors, hein?

Et Mona lance les dés avec un seul but en tête : me renvoyer à la case de départ et, donc, me battre à coup sûr. Tout le monde s'écrie : Mona a réussi. Au milieu de l'excitation générale, elle parvient à uriner un petit peu.

— Ça brûle, Mamie.

Un revirement imprévisible se produit dans son caractère. Comme si elle voulait faire payer la note à quelqu'un. La petite minutieuse a toujours peur de sentir le pipi et lui laver les fesses est devenu un vrai cérémonial. Elle insiste pour que tout soit fait selon ses désirs, en respectant les détails les plus insignifiants; sinon, c'est la crise inconsolable.

À l'hôpital, on m'assure, comme d'habitude, que c'est dû aux effets secondaires des médicaments. Des calculs rénaux ont commencé à se former. J'en viens à craindre qu'elle n'absorbe trop de médicaments, mais je n'ose pas remettre en question le jugement des médecins qui travaillent pour le bien de mon enfant et je préfère leur garder ma confiance. Ils m'ont demandé de mesurer tout ce que Mona avale et excrète comme liquide et de les avertir immédiatement si la quantité excrétée est inférieure à un minimum donné. Je mesure tout avec soin. Je veux détecter tout danger à temps, mais sans être continuellement aux aguets. Je dois apprendre à vivre avec cette contradiction. Toute ma philosophie n'est-elle pas basée sur des contradictions? Attendre la vie alors que c'est la mort qu'on nous a annoncée.

Je sais que certains enfants leucémiques suivent le même traitement que Mona, mais qu'ils sont isolés dans une chambre stérilisée où toute visite est interdite. Et ce, pour toute la durée du traitement, soit de huit à dix semaines. Mona, elle, est soignée à la maison, entourée de microbes, avec sa maman comme infirmière. Toute la responsabilité repose sur mes épaules et je me demande si je peux réellement assumer une telle charge. Par principe, je rapporte tout changement au médecin. Nous nous débrouillons par téléphone, avec quelques visites si besoin est, en épargnant ainsi à Mona d'être hospitalisée. Le pharmacien s'est mis de la partie et est toujours prêt à rendre service.

Je connais maintenant tous les spécialistes qui secondent le pédiatre en charge. Je sais qui est le plus influent, qui a le dernier mot quand ils prennent une décision. J'ai également appris qu'ils ont consulté un médecin de Montréal. Quand ils ne sont pas d'accord entre eux, je m'en rends compte. Je veux me montrer forte pour qu'ils me mettent au courant. Pour qu'ils ne me cachent rien. Je veux tout savoir pour mieux aider, mieux détecter, mieux comprendre.

*   *   *

Cette nuit, Mona pleure et se tord de douleur; elle a mal au ventre. Je rejoins le médecin qui, à moitié endormi, me conseille :

— Donnez-lui une 222.

Je le sens abattu. C'est comme s'il me disait : assommez-la, elle n'aura plus mal, vous pourrez dormir et moi aussi.

Je le remercie toujours beaucoup :

— Vous savez, si je ne vous avais pas... Merci encore.

Et je coupe la prescription de moitié. Avec le couteau en plein milieu de la pilule. Voilà. Mona prend assez de médicaments comme ça. Si je ne réussis pas à l'endormir avec cette demi-dose, je verrai.

Mona dort deux heures. J'en fais autant. Je récupère des instants de sommeil chaque fois que l'occasion s'en présente. Dès que j'ai un moment de répit, je m'assoupis; sur une chaise, n'importe où. C'est la seule façon de pouvoir continuer. André supporte patiemment l'horaire que Mona impose à la maisonnée. Tout, plutôt que de voir sa fille s'ennuyer dans un hôpital.

Mona se réveille au milieu de la nuit.

— Mamie, viens vite. J'ai du sang dans mon pipi.

Je bondis. Tout le monde, dans la maison, sait qu'il faut surveiller le sang dans les urines et dans les selles. Jamais la chasse d'eau n'est tirée avant que je n'aie été voir. Cette fois-ci, Mona montre du doigt le fond du petit pot qui sert à conserver les urines pour les mesurer. Je me penche et aperçois une petite pierre pointue comme une aiguille, où perlent quelques gouttes de sang. Exténuée et soulagée, Mona annonce :

— Ça ne fait plus mal dans mon ventre.

— C'est passé. Tu n'auras plus mal. Tu vois, c'est cette petite pierre qui te faisait mal. Va dormir maintenant, mon amour.

Mona est d'un naturel confiant. Ses petites jambes blanches escaladent le bord du lit. Son crâne, où subsistent quelques cheveux tenaces, s'incline vers l'oreiller sous lequel elle tâtonne pour sentir sa médaille miraculeuse.

Je veux avertir le médecin. Du sang dans les urines, c'est important. J'ai toujours peur de ne pas rapporter à temps les symptômes majeurs. Je sens que la vie de ma fille dépend de ma perspicacité. Mais André me convainc d'attendre le matin.

— Ne dérange pas le médecin. Il n'y a pas de danger, elle dort calmement.

Mis au courant de la nouvelle, le docteur dit, d'un ton satisfait :

— Au moins, cela ne lui fera plus mal.

Comme il est peu enthousiaste ! Il est vrai que les bons résultats se font toujours attendre. Mais, aujourd'hui Mona n'a pas mal et j'en profite pour inviter ses petits amis. J'avertis les parents de ne rien dire aux enfants. De ne rien laisser voir. C'est strictement défendu. Et je les remercie à l'avance de leur discrétion, comme pour mieux m'assurer qu'ils n'y failliront pas.

Les enfants arrivent avec de petits cadeaux que Mona regarde à peine. Elle se fatigue vite de leur présence à la fois joyeuse et bruyante. Je les renvoie en leur expliquant :

— Elle ne peut pas jouer longtemps, elle est malade. Mais, bientôt, elle ira mieux et vous resterez tout l'après-midi, comme avant.

Francis reprend tranquillement goût à la vie. Il a reçu deux séries d'antibiotiques pour le débarrasser de sa pneumonie. Il est maigre, mais accepte de manger un peu en choisissant, bien sûr, ses mets, ses heures, ses conditions. Je me montre quand même contente de lui. Pour l'aider, j'ai demandé aux gens qui viennent nous voir de délaisser Mona pour lui manifester plus d'intérêt.

— Ne voyez-vous pas que Mona en a assez de toute cette attention? Cela l'ennuie de se sentir continuellement épiée.

Comment oser leur demander d'ignorer cette enfant chauve et déformée par la cortisone? Mais cela m'insulte quand on se jette à ses genoux, quand on en fait trop de cas. Je voudrais leur dire : Si vous l'aimez trop, c'est que vous ne l'aimez pas assez. Mais qui comprendrait?

* * *

À la fin du traitement, Mona ne combat plus aucun microbe. Elle se met à tousser, ou encore c'est le petit ulcère qui réapparaît sur ses cordes vocales et la fait chuchoter. Il y a, dans la maison, des sirops pour absolument tout. Pour décongestionner, pour adoucir la gorge enrouée, pour dormir lorsque la toux trop persistante empêche toute la famille de fermer l'œil.

Je demande au médecin s'il vaut mieux garder Mona à la maison, je ne sais pas, moi, pour l'empêcher de prendre froid ou d'attraper d'autres microbes. Il me répond que ça ne changerait rien à la situation et que :

— Si elle veut sortir, Madame, sortez-la !

Alors, quand Mona devient trop apathique, je luis dis gaiement :

— Viens, on va aller faire un tour.

Je me doute bien que si le médecin lui permet de sortir, c'est pour ne rien lui refuser puisque, de toute façon, elle va mourir. Mais, dans mon cœur de mère entêtée, je me dis plutôt que nous allons devenir folles, toutes les deux, si nous restons comme ça à attendre et que la promenade nous fera du bien.

Je chausse mes patins et lace ceux de Mona avec soin. À deux rues de chez nous, il y a une petite patinoire. Nous nous y rendons en n'oubliant pas d'apporter un petit pot de miel pour calmer les quintes de toux.

J'ai trouvé de l'argent pour acheter de bons costumes de neige aux enfants. Il sera toujours temps, plus tard, de m'inquiéter de l'état de nos finances. Pour le moment, je vois que ma petite est bien couverte et ça me fait plaisir. Comme toutes les autres mamans, je lui apprends à patiner :

— Vas-y, Mona, fais-en un bout toute seule.

Et je la rattrape avant qu'elle ne tombe.

De retour à la maison, Mona tousse davantage.

— Avale un peu de sirop, ta gorge sera moins irritée.

Mona me regarde la soigner comme s'il s'agissait effectivement d'une simple irritation. Elle me trouve changée depuis quelque temps. Aux repas, par exemple, je ne m'inquiète plus autant si les enfants ne mangent pas, même Mona. Je leur déclare calmement :

— Tu mangeras quand tu auras faim.

Et je compense en leur offrant, entre les repas, des fruits et du fromage. Un jour, je mettrai de l'ordre dans tout ça. Mais, pour le moment, il y a bien d'autres points importants sur lesquels il faut insister.

En rentrant de l'école, André nous embrasse toutes les deux.

— Comment ça a été, aujourd'hui, mes deux femmes?

Mona aime qu'il la traite sur le même pied que moi. Et nous lui racontons les quelques petites choses que nous avons réussi à faire dans la journée. Le récit est constamment interrompu par cette toux interminable. Lui et moi échangeons un regard en nous mordant les lèvres de douleur. Je dis :

— Je n'aurais peut-être pas dû la laisser sortir, cet après-midi. Je vais la coucher bientôt et je lui donnerai du sirop pour qu'elle dorme.

Mais, ce soir, le sirop s'avère inefficace. Mona tousse sans arrêt. Ne sachant plus quoi lui donner, au bord de la panique, j'ai recours au médecin, encore une fois. Pour la centième fois.

— Docteur, Mona tousse tellement, je ne sais plus que faire. Vous voyez, je lui ai donné de ce sirop qui fait dormir. Elle est assoupie, mais elle se retourne continuellement en toussant.

Il m'écoute en soupirant. Pourquoi soupire-t-il comme

ça ? Il doit être fatigué, lui aussi, vidé. Mon cœur bat à tout rompre. Je regrette de l'avoir dérangé. Je n'aurais pas dû. Et j'entends cette toux déchirante. Il dit :

— Écoutez, Madame !

Je déteste ses « Écoutez, Madame ». J'arrête de respirer.

Il enchaîne :

— C'est à vous que ça fait mal... La petite, elle, ne sait pas qu'elle va mourir.

J'ai dû le joindre à un mauvais moment. Il dormait, sans doute. Il n'a pas pu vouloir dire ça.

Je raccroche, encore plus bouleversée qu'avant de lui avoir parlé. Je veux arrêter de trembler. Jamais il n'a été aussi direct. « C'est à vous que ça fait mal. » Il a ajouté autre chose dont je n'arrive pas à me souvenir. Ah oui ! une ponction pour voir comment la moelle a réagi aux traitements.

Je lui en veux d'avoir prononcé ces mots-là « qu'elle va mourir ». À quoi essaie-t-il de me préparer ? Je cherche désespérément à m'accrocher à quelque chose de positif pour ne pas rester dans cet état épouvantable, pour ne pas me mettre à crier, à hurler, pour ne pas lâcher. Je me calme en me parlant : respire bien, arrête ces palpitations... tu en es capable, pense à la ponction.

Je réfléchis à tous ces médicaments, à leurs rôles. Comme un bout de phrase qu'on apprend par cœur, je me répète ma leçon. Détruire les cellules leucémiques à partir de la moelle ; mais on ne peut pas épargner les bonnes. Néanmoins, l'enfant va en fabriquer de nouvelles qui, en principe, seront saines, c'est-à-dire des cellules qui ne mourront pas avant d'avoir rempli leurs fonctions. Peut-être ne supporte-t-elle plus du tout ces remèdes si forts pour elle. C'est une très bonne idée, la ponction. Au moins, nous saurons à quoi nous en tenir...

André me regarde me débattre avec mes pensées, il a deviné le contenu de la conversation que j'ai eue avec le médecin. D'un ton torturé, j'ai laissé tomber un « Docteur », puis je me suis tue. Je trouve la force de me lever et d'aller vers lui.

— T'as compris ce qu'il m'a dit ?

Ma voix ne tremble pas. Au moment où il va parler, je proteste :

— Non, ne dis rien. Embrasse-moi.

Il m'embrasse tendrement et passe sa main dans mes cheveux. Je soupire :

— Ça ira. Je vais me coucher pour être en forme, demain.

Subitement, je lui propose :

— Je déteste les ponctions. Si tu peux t'absenter sans perte de salaire, pourquoi ne viendrais-tu pas avec moi?

Je me mets à lui reprocher amèrement de ne pas mentir à la direction de son école.

— Tu devrais leur dire que tu es malade. Les syndicats sont bêtes. Ils demandent des congés pour les morts. C'est bien le temps d'aller voir les gens quand ils sont morts. Non, il ne faut pas prendre de journées pour être avec ceux qu'on aime...

Je vais me mettre à pleurer. Non! Je me relève et, pour soulager Mona, j'installe l'humidificateur à côté d'elle en approchant le plus possible la vapeur de son petit visage.

Je me penche au-dessus des yeux bouffis et de la figure plus large que longue. Visage méconnaissable de mon enfant née de l'amour. J'essaie de toutes mes forces de me l'imaginer comme avant. Je la vois presque, avec ses beaux cheveux bouclés et ses belles joues roses. Dans mon souvenir, l'enfant gambade, sautille. « Ma pleine de vie »... Elle avait toujours une jambe en l'air. Je souris en pensant au nombre de fois où je lui ai demandé de ne pas aller si vite : « Tu renverses tout sur ton passage. »

S'il y a , sur terre, quelqu'un capable de se sortir d'une pareille catastrophe, c'est bien elle. Je le crois. Dur comme fer. Je lui chuchote à l'oreille :

— Dors bien, mon amour, tu vas voir, ça va aller mieux. Tu entends? Tu vas guérir !

Je me suis recouchée et les paroles du médecin me hantent comme les sorcières des contes de mon enfance. Mon cœur me fait mal et je tente d'en ralentir le rythme en me répétant : Et s'il se trompait. Et si c'était la quantité excessive de médicaments qui l'empêche de reconstituer un sang où il n'y aurait plus trace de ces maudites cellules. Demain, ils verront bien, et moi aussi. C'est l'inconnu. Il ne faut pas me torturer inutilement. Ça m'avancerait à quoi? Pour ma famille, pour Mona et pour moi, je dormirai.

*   *   *

La table d'examen est installée au centre d'une salle de la clinique externe pour que les deux médecins et la garde-malade puissent circuler plus facilement. On attend le technicien avec son nécessaire à ponction stérilisé. Mona reconnaît les lieux. Elle est saisie de panique et veut faire demi-tour. Elle devine ce qui l'attend, elle se souvient trop bien. Deux mois auparavant, elle avait assisté à ces mêmes préparatifs. Comme elle était différente, à l'époque... Elle était jolie et avait un beau sourire. Elle savait se montrer charmante envers ceux qui la soignaient. Cette fois-ci, elle les regarde, affolée comme une pauvre bête trop battue. Elle leur présente un visage fermé, les lèvres serrées, sans l'ombre d'un sourire.

Mona va venir, n'est-ce pas? Mona va avaler, n'est-ce pas? Mona va faire ceci, Mona va faire cela. Mona en a assez!

On se dépêche de lui administrer l'anesthésie avant qu'elle ne pique une crise. Dans son demi-sommeil, ma petite crie:

— Mamie, mamie!

Je sors de la salle où je ne suis plus d'aucune utilité. J'arpente le corridor comme une tigresse. Ma tête me brûle. J'entends toujours ce cri:

— Mamie, mamie!

Je retourne sur mes pas et regarde par la porte entre-bâillée. Les médecins attendent toujours le technicien. On a téléphoné au laboratoire. Il est parti. Mais où, bon Dieu?

Mona dort; mais l'anesthésie ne dure pas longtemps. Le docteur en profite pour lui administrer sa Vincristine pour la semaine. Encore une dose? Je n'aime pas ce qui se passe. Le médecin est irrité d'attendre. J'ai terriblement peur. Cette moelle qu'on va retirer du corps de mon enfant. Me diront-ils la même chose que la première fois : « Sa moelle est complètement finie »? Je me remets à arpenter le corridor pour essayer de me calmer. Je pleure doucement.

Un pédiatre qui suit, lui aussi, le cas de Mona, m'aperçoit.

— Qu'est-ce qu'il y a, Madame?

— Mona est là, dans cette salle, et je suis si inquiète.

Il laisse échapper un « Ah! » de soulagement.

— Vous m'avez fait peur, dit-il, je croyais que vous veniez d'avoir de mauvaises nouvelles.

Il est très occupé, mais prend le temps de me parler quelques minutes.

— Vous savez, il nous faut examiner la moelle parce que, au début de la maladie, on ne sait pas trop comment administrer les médicaments, quelle quantité donner. C'est pourquoi il faut analyser sa moelle.

Me sentant un peu apaisée, il s'éloigne.

Il a dit « début ». Il a parlé de commencement. Je craignais qu'il ne s'agît d'une fin. Les globules blancs combattent les infections... trop de médicaments risquent-ils de la tuer? Je rabache une fois de plus ma leçon sur la leucémie. Je cherche un magazine, aucun ne m'intéresse. Je sursaute chaque fois qu'une porte s'ouvre. J'essuie mes mains moites sur ma jupe. J'entends :

— C'est fini.

Le technicien emporte les échantillons qu'il va analyser. Mon enfant est là, épuisée, le regard éteint sous ses paupières trop lourdes. Je la rhabille. Elle est molle comme une poupée de chiffon et deux fois plus difficile à manier. Il est déjà cinq heures. Tout le monde a quitté la clinique. Dehors, il neige et les gens se sauvent pour ne pas être bloqués par cette tempête du début de décembre.

Je téléphone partout pour trouver quelqu'un qui nous ramènerait à la maison. Je me sens trop épuisée et trop seule pour être brave. L'une est partie dans les magasins, l'autre ne répond pas, et le téléphone sonne dans le vide des maisons vides. J'en suis irritée. Si André était là, lui, au moins! Mais je renonce à le faire demander. Avant qu'il n'ait trouvé une voiture et ne m'ait rejointe... Non, c'est beaucoup trop compliqué.

Le costume de neige de Mona s'enfile mal et je dois faire attention. Ses gémissements me crèvent le cœur. Franchement, je n'en peux plus de la voir souffrir. La sueur coule le long de mes aisselles. Et je dois, en plus, supporter la présence d'une infirmière qui cherche à me faire parler... Elle essaie maladroitement de m'aider avec un cœur plein de pitié. Qui l'a envoyée, celle-là? Que me veut-elle, au juste? Elle me dit:

— C'est pas drôle, hein?

Comme si je ne le savais pas! Je me retiens de ne pas lui crier ce que je pense. Je le sais, que ce n'est pas drôle. Et ça m'avancerait à quoi de me jeter par terre? Me sentant rougir, je suis contente que le bureau soit mal éclairé. Je lui demande:

— Voulez-vous me passer ses bottes, s'il-vous-plaît?

« C'est pas drôle! » Comme si j'avais envie de rire! Elle me croit folle, ou quoi? Je veux conserver mes forces. Je me mords les lèvres pour ne pas gaspiller mon énergie.

Et ces maudites bottes qui ne veulent pas se laisser enfiler!

— Ça ne sera pas long, ma petite Mona.

Le médecin entre:

— Vous êtes bonne conductrice, n'est-ce pas?

— Oui, ça ira. Je conduirai lentement.

Je veux m'en croire capable. Il met son bras autour de mes épaules, en serrant légèrement, à la façon d'un athlète qu'on veut encourager. Je baisse les yeux et souffle sur une mèche de cheveux qui tombe sur mon front.

— Ma famille m'attend. Je dois aller préparer le souper. Merci, Docteur.

Assise dans une chaise roulante, Mona attend avec l'infirmière que je revienne la chercher après avoir réchauffé l'auto. Je l'installe confortablement sur la banquette arrière et je démarre. Le ciel est très gris. Il neige de plus en plus fort. Les routes sont maintenant complètement recouvertes. Si on avait un accident et qu'on en finisse ! Non, je veux être prudente. J'ai faim et fouille dans mon sac à main pour trouver mes cigarettes. Si j'avais eu de l'argent, j'aurais acheté un repas tout préparé dans un restaurant et la question du souper aurait été réglée. « Un jour, je m'offrirai les meilleurs plats du monde. » Je me sens déterminée. Prudemment, j'arrive enfin à la maison.

André vient à notre rencontre pour se charger de Mona.

— T'as l'air exténuée.

Je ne parle pas. Pas maintenant. Je suis trop vidée et trop affamée. Je couche Mona et m'affaire aussitôt à préparer le souper. Mon estomac crie. Mona raconte ce qu'on lui a fait. Elle ne tousse presque plus ; l'anesthésie aura au moins eu ça de bénéfique. Et ce bienfait dure toute la nuit : elle ne se réveille pas une seule fois, ce qui me permet de récupérer pour le lendemain. Le lendemain...

* * *

Mona est très abattue et refuse de bouger. Allongée sur le divan, elle nous regarde vivre. Seules ses oreilles sont rouges. Rouges de fièvre. Elle tousse toutes les deux respirations, elle ne parle plus. Elle ne fait que respirer et tousser. Respirer et tousser.

Je me secoue. Je dois faire quelque chose. Tout mon être se révolte devant le regard de mon enfant, ce regard qui ne lutte plus.

Je dis à André :

— Je crois que le moment est venu de la faire hospitaliser.

Il déteste les hôpitaux froids, il n'en peut plus de la voir souffrir. Il ouvre tranquillement la bouche et répond :

— Non, je préfère... je veux qu'elle meure chez nous.

— Ne dis pas ça !

Je me retiens de faire une scène. Mona nous regarde. C'est mon enfant à moi aussi, et la décision m'appartient à moitié.

Il se prépare à partir pour l'école. Je veux le retenir, je sais qu'il a de la peine, mais je lui demande simplement :

— Laisse-moi les clefs de la voiture.

Il s'en va à pied comme chaque fois qu'il neige. J'appelle une amie. Je ne veux pas rester seule dans un moment pareil.

— J'ai besoin de toi, tu veux venir?

Je déteste contredire mon mari, mais je refuse de laisser ma petite fille s'en aller comme ça, sans rien tenter.

144

Quelqu'un, quelque part, m'aidera. Et je me prépare comme pour sortir. Je me dépêche de terminer tout ce que j'ai à faire. De temps en temps, je jette un coup d'œil par la fenêtre. S'il ne neigeait pas tant... Si nous avons un accident, toutes les deux, il m'en voudra de ne pas l'avoir écouté. Je suis prête, Mona aussi. Je me décide et appelle l'hôpital. Le pédiatre de Mona est absent. J'en suis presque soulagée, je craignais de le voir me dire qu'il n'y a plus rien à faire. Je pense soudain à celui qui, hier, m'a parlé de « commencement ». Quel est son nom, déjà? Je sens qu'il pourra m'aider.

— Docteur (je ne le connais pas beaucoup et hésite à lui raconter ce...), Docteur... (Je me reprends, sûre de ma décision.)

— Oui?

— Mona ne va vraiment pas bien. Mon mari... Mon mari veut qu'elle en... finisse chez nous. Il ne veut plus qu'elle s'ennuie, qu'elle souffre. (Je chuchote pour que Mona ne puisse pas deviner mon désarroi.) Je vous en prie, faites quelque chose. Ne pouvez-vous pas?

Il me demande le numéro de téléphone d'André. Le fait sortir de sa classe et lui parle pendant quinze longues minutes. Minutes pendant lesquelles Mona tousse et moi, j'attends.

Je vois André revenir à la maison, la tête basse. Il a l'air si triste. Comment peut-il continuer à donner ses cours?

Sans perdre un instant, il conduit ses deux femmes à l'hôpital. Je ne pose pas de questions. L'important, c'est qu'il ait accepté de faire hospitaliser notre fille. Il dit enfin :

— Ce médecin m'a convaincu qu'elle sera mieux à l'hôpital. Ils sont équipés pour les soulager, paraît-il.

Je me demande si « les » remplace « mourants ». Je devine à quoi pense André : le dernier voyage à l'hôpital. Ou, peut-être, s'agit-il de ma propre pensée que je refuse. Je ne veux pas parler. Je serre obstinément mon enfant contre moi. Je regarde le ciel, blanc de neige.

— Regarde, Mona, comme le ciel change quand il neige. Tu vois bien comme ça, couchée sur mamie?

Elle me répond en toussant.

André dit :

— Le docteur m'a promis de nous rejoindre aussitôt qu'il aura obtenu les résultats de la ponction, au laboratoire.

*   *   *

Nous arrivons enfin à l'hôpital. Je souris à la garde-malade qui est, à mon avis, la plus formidable de la pédiatrie. Elle a une façon de dire : « Ça ne va pas, Mona ? » qui semble signifier : « Ça ne sera pas si grave. »

Mona souffre d'une double pneumonie et, encore une fois, on l'installe dans une « croupette ». Elle n'aime pas y être enfermée, mais n'a pas la force de résister. Elle sera seule dans sa chambre. Une fenêtre donne sur une autre chambre, interdite aux visiteurs. Le rideau n'est pas complètement tiré et nous permet de voir une jeune malade d'une douzaine d'années. Elle regarde la télé et, comme on lui fait une transfusion, vérifie continuellement l'aiguille fixée contre sa main. Non, Mona ne sera pas comme elle quand elle sera plus grande. Je me détourne immédiatement de cette triste scène et rassure ma petite :

— Tu vas mieux dormir dans la tente. Je resterai près de toi.

Faites quelque chose, je n'en peux plus de l'entendre tousser. Je garde pour moi ce que je veux crier afin de ne pas énerver le personnel en le harcelant. Dieu ! que le médecin prend du temps ! Qu'est-ce qu'il peut bien faire ? Ah ! le voilà. Il porte une tenue sport ; ses heures de garde sont finies. Il tient une feuille à la main. Je scrute son visage pour deviner le contenu du rapport.

— C'est bon, dit-il. Voyez !

Qu'est-ce que ça veut dire, « c'est bon » ? Comment ça, bon ? Il me tend la feuille ; ma tête fourmille de questions

147

que je n'arrive pas à formuler. Je me dépêche de lire. Je veux tout lire d'un trait. Mes yeux se portent sur une ligne soulignée en rouge, où les mots sont écrits en gros caractères : AUCUNE CELLULE BLASTIQUE. J'ai sûrement mal lu, je recommence. Mais ça... ça veut dire qu'il n'y a que des cellules saines dans sa moelle! Et que celles-ci constitueront un sang fort et sain! Je suis figée, j'ai peur d'exploser. Je regarde le médecin. Puis, me retenant de crier, je réussis à prononcer :

— Mais... c'est une très bonne moelle. Il n'y a aucune cellule maligne.

— C'est ce que dit le rapport.

C'est comme si on venait de m'annoncer que Mona est guérie. Je suis folle de joie au point de ne pas me souvenir de rien. Je la couvre de baisers.

— Tu vois le bon résultat, lui dis-je en lui montrant le papier.

Mona ne comprend rien, mais cesse quand même de tousser quelques instants. Je ne sais plus quoi faire, je ne tiens plus en place. Je dois le dire à quelqu'un.

— Je reviens, mon amour, ce ne sera pas long.

Je cours vers le téléphone public et j'annonce pêlemêle à mes parents, à mes amis, que Mona est très malade, qu'on a dû l'hospitaliser, qu'elle a une double pneumonie, que sa moelle est très bonne, mais qu'elle a une infection de la vessie. Je déballe tout ça, la voix débordante de joie. Ils ne me comprennent pas très bien. Et je renonce à expliquer. Déjà, je compose un autre numéro.

Le médecin double la dose de cortisone pour aider Mona à lutter contre la pneumonie. Elle deviendra encore plus grosse, mais ce n'est pas grave. Il interdit tous les médicaments contre la leucémie. Elle en a vraiment eu assez. Elle a absorbé le maximum ; il faut maintenant aider son organisme à regénérer son sang. Des antibiotiques, du Tempra pour faire baisser la fièvre, des bains d'eau glacée. Et moi, sa mère, je me promets, au pied de son lit, de lui donner tout l'amour et toute la joie de vivre que renferme mon cœur.

* * *

Le soir, à la maison, j'éprouve la satisfaction d'avoir remporté une immense victoire, accompagnée d'une peur bien légitime. En effet, la gravité de la situation m'enlève toute illusion.

Je suis harcelée par le besoin de savoir si Mona a besoin de quelque chose, comme lorsqu'elle était là, près de moi. Mon inquiétude augmente tellement que je finis par appeler la garde-malade en chef.

— Comment va-t-elle?

On n'aime pas donner de mauvaises nouvelles aux parents, surtout à onze heures du soir. L'infirmière balbutie au bout du fil:

— C'est que... c'est qu'elle a beaucoup de fièvre. Elle tousse tellement.

— Qu'est-ce que vous avez fait? Qu'est-ce que vous lui avez donné? Et le médecin, est-il là? Vous lui avez téléphoné?

Je réagis à la façon d'une lionne dont le petit est menacé. J'ai l'impression d'une certaine négligence. Tout en parlant, je me rappelle avec quelle difficulté ils ont installé l'humidificateur dans la tente. C'est maintenant l'équipe de nuit qui est de garde. Cette infirmière connaît-elle le cas? Je voudrais tout lui expliquer en même temps. Elle se défend:

— J'ai tenté de rejoindre un technicien pour réparer l'appareil.

— Changez de « croupette », faites quelque chose. Je

149

l'ai amenée à l'hôpital pour qu'elle y soit mieux que chez nous.

Je continue d'un ton plus doux et, à court d'argument, conclus :

— Je vous en prie, prenez-en soin comme s'il s'agissait de votre fille...

L'infirmière promet.

— Merci, je rappelle bientôt.

J'attends pendant une heure interminable. Le temps que le médicament fasse effet. Mona dort maintenant et la fièvre a suffisamment baissé pour qu'il n'y ait plus lieu de s'inquiéter autant. L'appareil fonctionne à pleine capacité et aide à dégager ses bronches obstruées.

*   *   *

Au fond de moi-même, je suis convaincue que mon enfant est guérie de la leucémie. Certitude que je m'efforce de cacher parce qu'elle est insensée. Je veux tout mettre en œuvre pour la guérir de cette mauvaise pneumonie. Pour commencer, je fais peau neuve. Comme si cette malchance ne devait être que passagère, je m'offre, avec le peu d'argent qui nous reste, une bonne coupe de cheveux. Et j'obtiens un compliment de mon mari, ce qui rend mon sourire encore plus éclatant.

J'ai fait taire mon orgueil pour obtenir qu'une boutique me fasse crédit. Elle exposait justement en vitrine un ensemble qui paraissait fait sur mesure pour moi.

— Si cela ne vous ennuie pas, je paierai plus tard.

Je cherche une excuse.

— J'aimerais bien l'avoir et je ne voudrais pas courir le risque que vous le vendiez.

Attention, ne parle pas trop, on va te proposer de le faire mettre de côté et ce n'est pas ce que tu veux. C'est tout de suite que tu as besoin de ce tailleur. La vendeuse me répond :

— Il n'y a pas de problème. D'ailleurs, nous nous voyons souvent.

Bien sûr! Dans une petite ville, tout le monde se croise, tout le monde se voit. Je m'oblige à croire que j'ai réussi à lui dissimuler le vrai motif. L'important, c'est de ne pas gâcher ma joie et d'être belle. De me sentir magnifique. C'est vital. J'enfile le nouvel ensemble; il est de bonne qualité, ce tissu. Je porte mon tailleur neuf avec autant de dignité que s'il s'agissait d'une robe de mariée. André sourit et, pour l'instant, la dette passe au second plan.

Toute belle, je me présente à l'hôpital. J'entre en souriant dans la chambre de Mona. Les mains sur les hanches, je pivote lentement, à la façon d'un mannequin, pour me faire admirer.

— Tu aimes mes cheveux, Mona?

Quelle question à poser à une petite fille qui n'a plus un poil sur la tête! Enfermée dans sa « croupette », Mona se montre complètement indifférente. Elle me boude. Parce que je l'ai laissée là-dedans. Je lui propose des jeux, mais elle refuse de s'intéresser à quoi que ce soit. Elle tousse. Inconsciemment, j'en viens à vouloir essayer de cracher, comme pour l'aider à se débarrasser de ce qui gêne sa respiration. Dès que je m'en rends compte, j'arrête ce réflexe nerveux.

— Tu n'as rien mangé, ton plateau est plein. Tu veux que Mamie te rapporte de belles surprises de chez nous?

C'est à partir de ce moment que je comble Mona de friandises que, d'habitude, elle adore. Elle y goûte à peine.

* * *

André s'absente de son travail pour être plus souvent auprès de sa fille. Tout le monde aime cette enfant et veut l'aider. Le matin, c'est son infirmière préférée qui vient la voir avant de commencer son travail à la clinique externe. Elle lui apporte des livres d'enfants. Mona la regarde par en-dessous. De sa « croupette » embrumée, elle ignore les cadeaux. Elle se moque de l'amour qu'on lui témoigne. Elle tousse.

Les parents et les amis qui, le soir, viennent veiller la petite malade grimacent malgré eux en entendant cette toux si vilaine dont le son est à la fois amplifié et assourdi par la tente à oxygène. Moi, j'ai l'air de ne rien entendre. Je bavarde comme si Mona devait se rétablir bientôt. Et pourquoi pas? Sa moelle est saine, maintenant. J'ignore l'expression douloureuse de ceux qui la regardent. Je ne veux pas la remarquer. Eux, ils ne voient qu'une enfant méconnaissable, enflée, chauve, le regard éteint, d'une irritabilité maladive. Moi, sa mère, je vois tout autre chose. Et je prévois autre chose. La scène s'en trouve étrangement modifiée.

Certains laissent échapper des « pauvre petite enfant ». Je reste insensible devant leurs jérémiades. J'ai l'air d'une sans-cœur. Jamais je ne laisse voir que je suis déprimée, que j'en ai assez. Pour la simple et bonne raison que je ne le suis pas.

*   *   *

153

Ce soir, vêtue de ma robe neuve, légèrement maquillée pour mieux souligner mes traits, je me sens particulièrement à mon avantage. André n'est pas là, il assiste à une réunion. Nous nous sommes donnés rendez-vous dans un restaurant, vers dix heures. Je suis excitée par cette petite sortie. Je ne sais trop quelle joie me transporte ainsi. Je rencontrerai sûrement quelques-uns de ses confrères de travail. Je raconte tout ça à Mona, comme si elle s'y intéressait. Je parle avec animation. Elle reste sans réaction. Elle boude encore. Je passe outre à son indifférence et poursuis quand même :

— Tu sais, papa a été élu président de l'Association des professeurs d'anglais de l'Estrie, c'est important pour lui.

La petite main que je tiens ne réagit qu'aux mouvements saccadés du corps qui n'en peut plus de tousser. Je décide d'intensifier ce contact physique. Ce sera bientôt le moment de m'en aller. J'ouvre la fermeture éclair qui emprisonne la vapeur et l'enfant.

— Tu veux m'embrasser, ma fille, Mamie s'en va...

Et là, au creux de mes bras, je la sens éclater. Elle explose, pleure, crie.

— Qu'est-ce qu'il y a, ma petite Mona?

Je réponds à sa place :

Tu t'ennuies, c'est ça? Tu es fatiguée de tous ces médicaments, de toutes ces piqûres?

L'enfant pleure de plus en plus fort, secouée par la

toux. Je lui dis :

— Je t'aime. Tu vas voir, tout ce qui encombre ta petite gorge va disparaître. Dès que tu iras mieux, nous te ramènerons à la maison. Je te le promets, mon amour.

Les deux jours passés dans sa tente lui ont paru une éternité. Elle se serre contre moi, me montrant ainsi qu'elle est rassurée sur l'amour que je lui porte. Et elle crache.

— Tu vois, ça sort. Force, Mona, sors tout ! Tout !

Quand elle s'est enfin calmée, je lui demande une dernière chose :

— Mona, essaie de sourire. Juste ça.

Je ne lui demande que ça ! Sourire, s'ennuyer et souffrir, et encore sourire.

— Tiens ! Demain, quand garde Nicole viendra t'apporter des petits livres, fais-lui un beau sourire. Tu sais, elle s'ennuie de ton sourire. Tu veux bien ?

Je fais comme si elle m'avait répondu par l'affirmative. J'essuie les grosses larmes qui coulent sur les joues énormes et luisantes. Mona presse légèrement mes doigts, elle essaiera.

* * *

La « cérémonie » du départ dure généralement presque une heure. Selon l'infirmière qui est de garde, mon comportement maternel est plus ou moins approuvé. Mais je m'en moque. Guidée par une sorte d'intuition, j'agis selon mon jugement. Je considère important que ma fille s'extériorise, qu'elle apprenne à exprimer ce qu'elle ressent.

Ce soir, André veut s'en mêler. Il me bouscule verbalement dès que les embrassades commencent :

— Tu l'embrasses et tu pars. T'entends ? Elle refuse de nous parler tout le temps qu'on passe auprès d'elle et, au moment de partir, elle s'accroche à nous.

Décidément, les hommes ne comprennent rien à rien. Les échanges doivent se faire de telle heure à telle heure. Je réplique le plus calmement possible :

— Ne lui en demande pas tant à la fois. Va m'attendre dans le corridor si ça t'agace.

Je prends le temps qu'il faut. Et quand Mona s'est enfin libérée de tout ce qu'elle a accumulé dans son petit cœur d'enfant, elle et moi, d'un commun accord, nous rappelons son père. Devant lui, l'enfant retient ses sanglots pour ne pas le décevoir. Il la caresse tendrement, lui parle avec douceur et sort en se disant qu'il aime bien les femmes, mais qu'il n'y comprend rien.

L'enfant finit par sourire et moi, je referme la porte, victorieuse.

*   *   *

156

Le lendemain, Mona accepte de jouer dans sa « crou-pette ». Je glisse ma main dans la petite maison et nous faisons une partie de « Tock ». Je fais mon possible pour perdre et me montre terriblement désolée de voir qu'elle me bat aussi souvent. Je lui répète :

— T'en as de la chance, toi !

Mona finit par croire qu'elle jouit d'une veine infail-lible. Et quand je décide finalement de gagner une toute petite partie, au moins une, j'en suis incapable. Et l'enfant s'écrie, radieuse :

— Tu vois comme j'ai de la chance !

Je montre à Mona le beau soleil qui brille dehors, et je crois très fort en la vie. Je veux tant faire sentir à mon enfant cette force de la vie ; dans un langage qu'elle puisse comprendre. Et je parle du chien.

— Il a tellement hâte de te voir. Il va souvent renifler ton lit. Il saute dessus et, ensuite, vient vers moi en cou-rant.

Mona sourit en imaginant les finesses de Kiki.

Je lui parle de Noël qui approche. Je fais des projets de décoration. Toute la maison aura un air de fête, mais c'est surtout dans nos cœurs que règnera l'allégresse. Par tous les moyens, je tente de donner à Mona le goût de revenir chez nous.

* * *

Quatre jours ont passé et Mona peut maintenant sortir de sa tente pour se faire câliner par sa maman. Alors que nous sommes en train de bavarder, un interne qui nous connaît bien (c'est le même que nous rencontrons depuis le début de la maladie de Mona) s'arrête en passant. Machinalement, il me dit, en la montrant du menton :

— C'est triste, ces cas-là. On se sent tellement impuissant avec ces petits êtres.

Il hoche la tête de droite à gauche, peiné.

Le choc me plie moralement en deux. Je me sens comme un boxeur mis K.O. à la dernière seconde, alors qu'il croyait déjà avoir remporté le championnat. J'ai le souffe coupé, l'interne m'a atteinte au beau milieu de mon rêve.

Je proteste avec vigueur :

— Mais les derniers examens ont indiqué que la moelle est saine ! Vous les avez vus !

Non, il ne les a pas vus. Ce n'est pas ce point-là qui l'intéresse. Il parle du point inévitable. Du point final.

Et moi, dans mon désir de faire vivre ma fille, j'avais oublié ! C'est passager, la vie ! Surtout celle de Mona. Les hommes ont fait des calendriers et vous les lancent comme ça, en pleine figure.

Mes yeux se voilent et je n'ai plus envie de jouer avec Mona. L'interne est parti. Je contemple la fragilité de mon rêve insensé. Il suffit d'un peu de bon sens pour le faire voler en éclats. Comment faire pour le protéger contre ce genre d'attaque? J'ai l'impression de marcher sur un fil d'acier. Je dois garder un équilibre parfait. D'un côté, la cruelle réalité et, de l'autre, le rêve insensé. Quelle force permet de conserver son équilibre?

Ne pas laisser la réalité affecter mon rêve.

Ne pas laisser le rêve nuire à la réalité.

Je soignerai ma fille comme je dois le faire et je la traiterai comme si elle devait vivre. La leucémie est incurable, je le sais, et personne ne me permet de l'oublier. Je passe la journée à refaire mes forces, à retrouver mon souffle d'espoir.

Contrer une attaque à la fois. Et à chacune, recommencer en croyant qu'on peut réussir. Et je me laisse aller à imaginer la réussite. Une guérison. Je la sens presque. Si bien qu'en sortant de mon rêve, je me remets à vivre comme si le succès était déjà acquis.

Et, entêtée, je reviens, le soir, auprès de Mona. Pour lui transmettre toute cette vie qui bout en moi. Pour lui parler de l'avenir. Et je suis prête à braver le corps médical tout entier.

Le médecin promet :

— Si Mona mange, je la laisserai retourner dans sa famille.

Le lendemain, du téléphone public, Mona m'annonce avec fierté :

— J'ai presque tout mangé. Toute mon assiettée!

Elle m'énumère tout ce qu'elle a eu le courage d'avaler. Le pédiatre signe son congé le soir même. Incapables d'attendre un seul instant de plus, nous allons tous ensemble la chercher à l'hôpital. Même le chien est de la fête.

* * *

Comment vit-on quand chaque jour est un cadeau reçu au lever du soleil? On ouvre le présent avec plaisir. Sans craindre qu'il ne s'abîme. Dans ce temps-présent, on veut tout voir, tout entendre, tout sentir. On trouve que chaque journée est merveilleuse et on la vit avec la conviction que cela n'aura pas de fin. Malgré tout, on prend des précautions comme si chacune devait être la dernière.

Penchée sur ma machine à coudre, je songe à quel point je veux vivre intensément. Je désire vivre pleinement. Je suis en train de me faire une robe... et mon fil se casse brusquement.

« Je ne peux pas supporter la haine, ennemie numéro un des mauvais jours. » Oui, ce sera bien comme ça, en blanc, avec cette garniture.

« Je fuirai la haine comme la peste. Je veux AIMER. Mais pas en bonasse! Je veux qu'on me respecte. » Où sont passés mes ciseaux? Ah! Les voilà.

« Mais comment ME BATTRE SANS HAÏR? »

Hier soir, j'ai osé dire à André :

— Tu ne vas pas t'endormir comme ça?

Je ne sais trop quelle erreur stupide de ma part l'avait froissé. Il allait gâcher une nuit. Pourquoi perdre une nuit? Je me serais prostituée pour l'en empêcher.

— Non, non! Tu ne comprends pas. Je ne te demande pas que nous faisions l'amour. Je te demande de me comprendre.

Il était las de se répéter. Je recommence toujours les

mêmes bêtises. Mon caractère lui échappe. Moi, je l'accusais de n'en accepter que les aspects qui lui convenaient. À son profit!

— Tu prends tout ou rien. Pas de demi-mesure.

Et, finalement, nous avons partagé l'une de ces mesures emplies d'une joie magique.

Le tissu prend forme sous mes doigts. Je chantonne des chansons d'amour et souris de contentement. Mona joue dans un coin avec des retailles de tissu et sa « Barbie » à moitié nue.

— Pauvre Mo, tu as une mine terrible avec tes quelques mèches qui te tombent dans le cou. Si tu veux, je vais les couper.

Elle fait signe qu'elle est d'accord. Je m'interromps pour couper ces mèches de cheveux morts. Elles attendront ainsi les nouveaux cheveux qui s'annoncent déjà. En effet, le crâne de Mona n'est plus blanc comme celui d'un vieillard, mais gris foncé. Les cheveux apparaîtront dans quelques jours, et par milliers. Comme lorsqu'ils sont tombés.

Je tiens mon enfant à bout de bras, comme un tableau, pour mieux l'examiner. Et à la lumière de l'amour, je la vois telle qu'elle sera dans quelques semaines, lorsque ses joues seront moins enflées et qu'un premier duvet recouvrira son crâne.

— Tu vas voir, tu seras belle.

Mona me croit et ses yeux brillent d'assurance.

C'est une de ces journées où je réussis tout ce que j'entreprends. Debout devant le miroir, je vérifie si ma robe tombe bien et me déclare très satisfaite du résultat. Il y a des jours où nos mains devancent notre cerveau. Ou, plutôt non, c'est notre cerveau qui sait très bien ce qu'il veut. Je voudrais que ma vie soit remplie de ces journées. Subitement, ne pouvant plus contenir ma joie, je crie de plaisir :

— Mona! Mona!

Mona est habituée à mes cris d'allégresse et elle se retourne pour m'entendre lancer un :

— Je t'aime...

* * *

161

Je me sens si légère depuis que le médecin m'a annoncé que l'analyse sanguine était enfin normale. Il a prescrit un médicament qui devrait maintenir les globules blancs à un certain niveau. Dès maintenant, je peux diminuer la cortisone. Enfin, nous connaîtrons bientôt le vrai caractère de Mona. Cette cortisone la rendait si irritable. Je crois bien qu'on aura terminé pour le jour de l'An. Le médecin m'a dit :

— Vous aurez sûrement un beau Noël.

Ça oui ! Ce sera Noël tous les jours.

Il continue :

— Après les fêtes, nous déciderons d'un traitement afin de la garder en rémission.

Le mot est enfin prononcé : RÉMISSION. Le but premier est atteint. Je vais pouvoir souffler un peu. Et j'ai une telle envie de fêter. Nous irons danser. C'est ça ! Il y aura une danse à l'école d'André, à l'occasion de Noël. Ma robe sera prête à temps.

* * *

La salle bourdonne de gens impatients d'avoir du plaisir. Je vais sûrement m'amuser. Seuls ceux qui ont vécu en ermite durant des mois peuvent autant apprécier les amis... et le gin ! Je m'avance vers toutes ces personnes que je n'ai pas vues depuis si longtemps. On m'accueille avec beaucoup de sympathie et des questions, trop de questions.

— Comment va ton enfant ?

— Mona ?

Comme si je ne le savais pas !

— Elle va bien.

On me regarde d'un air surpris. Presque déçu, me semble-t-il. Je sens que je n'ai pas répondu comme j'aurais dû le faire. Alors, je m'empresse d'ajouter avec un peu de tristesse :

— Pour le moment. Bien sûr, on ne sait jamais avec...

Il a fallu que j'ajoute ça ! Je m'en veux. Le mot « bien » a quelque chose d'arrogant. En voilà une réponse à propos d'une leucémique. Je regrette de ne pas avoir préparé une formule qui m'aurait évité d'avoir à penser et à m'attrister pour satisfaire la curiosité bien légitime des amis. Pourquoi n'ai-je pas pensé à ce mauvais côté des réunions ? Je n'ai songé qu'au plaisir que j'allais avoir. Oh ! et puis, je ne suis pas venue ici pour parler de maladies. À la prochaine qui s'informe, je réplique :

— Ça va très bien, je l'ai laissée avec une bonne gardienne. Elle téléphonera si quelque chose ne va pas.

Et à une autre, je dis n'importe quoi :

— J'ai envie de danser. Elle est bien décorée, la salle, tu ne trouves pas?

Finalement, on oublie de me demander des nouvelles de Mona. Il est évident qu'elle va très bien.

Je me sens épiée par quelques bonnes dames réunies dans un coin. Elles doivent me croire inconsciente de m'abandonner ainsi au rythme de la musique. Peut-être s'imaginent-elles que je fais semblant. Leurs regards sceptiques ne me dérangent pas. Je me laisse emporter par la musique. Ma tête souligne chaque mesure, mes hanches retrouvent le plaisir de danser, mes pieds s'animent sans le moindre effort. Je revois mes années de jeunesse et rends hommage à la vie, de tout mon corps. Étourdie, essoufflée, je chantonne les paroles. Il y a si longtemps que mon cœur n'a pas ainsi battu de joie. Mon partenaire me fait virevolter, se rapproche, me repousse, au rythme saccadé du rock'n roll.

J'avale ma salive pour retrouver mon souffle et me laisse entourer par des bras aimants pour écouter Elvis chanter un « slow ». Sa figure enfouie dans mon cou, André me dit tendrement :

— On ne se lâchera pas, nous deux!

Dans un coin particulièrement mal éclairé de la salle, je sens que la terre s'arrête de tourner et qu'elle repart en sens inverse. Il vient de m'embrasser.

Un hors-d'œuvre dans la bouche, un verre dans une main et une assiette pleine dans l'autre, je m'apprête à me restaurer.

Le gardien de l'établissement s'approche de moi :

— Madame, venez vite, on vous demande au téléphone.

— J'y vais, dit André, en reposant l'assiette qu'il était en train de garnir de viandes froides.

Il suit le gardien et je me rends compte que je n'ai pas peur. Je ne sens pas l'angoisse qu'une urgence déclenche habituellement. Suis-je engourdie? J'affiche un indécent sourire de satisfaction que j'essaie en vain de retenir. La musique m'empêche de penser avec lucidité. Je m'amuse à deviner la raison de cet appel. Je ne vois pas de sang. Une leucémique saigne facilement, je devrais avoir peur. Voyons! La seule qui puisse m'appeler, c'est la gardienne. Donc, quelque chose se passe à la maison. Est-ce grave? Pas forcément. Si Mona s'est réveillée et nous a demandés, impatiente comme elle est, elle a dû se mettre à pleurer avec un peu trop d'insistance. Et la gardienne n'aura pas hésité à téléphoner à cause de son état.

C'est étrange d'avoir ainsi deviné juste, me dis-je en écoutant André me résumer la conversation.

Nous rentrons à la maison, non sans avoir d'abord invité des amis à venir terminer la soirée chez nous.

— On prendra un café, voulez-vous? Ou mieux encore, une « Tia Maria ».

J'insiste un peu parce que j'aimerais tant partager ma joie et ne pas être traitée comme si un terrible malheur m'accablait.

André est en train de défaire l'attache de ma robe au moment où l'on sonne à la porte. Ils sont venus. Comme avant. Je suis contente. Il y a même un nouveau couple qui accompagne nos amis. Nous nous présentons, échangeons des poignées de main.

— Entrez, venez. Je vous offre un verre ou un café?

Badinant, heureuse, j'apporte à chacun ce qu'il a demandé.

Mona s'est relevée. Elle se balance dans son petit fauteuil, au salon. Une grande photo d'elle-même, à trois ans, est accrochée au-dessus de sa tête. On dirait une de ces annonces AVANT-APRÈS. Quel effet! Je regrette de ne pas avoir caché la photo. Ne pouvant croire qu'il s'agit de la même petite fille, nos nouveaux amis demandent de qui il s'agit. Je les entends chuchoter:

— Qu'est-ce qu'elle a, leur fille?

L'inquiétude se lit déjà sur leurs visages. Je m'interdis de les regarder et laisse aux autres, qui sont déjà au courant, le soin de leur répondre. Comme si elle percevait leur tristesse, Mona vient se blottir dans mes bras.

Si je la cachais, nos amis seraient plus à l'aise pour laisser libre cours à leur gaieté. Alors, pour mon bien autant que pour le sien, je lui dis:

165

— Va te coucher. Nous sommes ici, maintenant; tu n'as pas à t'inquiéter.

Mona cherche son père du regard. Il n'y a rien à faire. Il rit avec des messieurs, debout dans un coin. Pourtant maman ne plaisante pas, elle a son sourire autoritaire. C'est bien vrai. Je dois disparaître. Est-ce que je les dérange?

Mona hésite. Elle finit par se décider et saute par terre. Je lui dis, en lui administrant une tape amicale sur les fesses :

— Bonne nuit, ma grosse toutoune!

Mona fait semblant d'être très insultée lorsqu'on la qualifie de « grosse ». Mais, à la grande surprise de nos invités, nous éclatons de rire, toutes les deux. Eh oui! nous avons appris à rire d'une difformité passagère. C'est vrai, c'est bien vrai, n'est-ce pas? Ça ne durera pas. Mona perdra ses joues cireuses et ce gros ventre. Comme si nous avions échangé ces paroles à voix haute, ma fille et moi nous nous embrassons pour nous montrer que nous nous sommes bien comprises. Heureuse maintenant, Mona va se cacher sous ses couvertures.

* * *

— Mon amour, prépare bien ta mère et ta petite sœur
à ce qui les attend. Tu n'expliqueras jamais assez. Elles
viennent à Noël pour fêter, non pour pleurer.

J'ai lancé des invitations à droite et à gauche :

— Vous viendrez passer la veillée de Noël avec nous,
si le cœur vous en dit. Il y aura à boire et à manger.

Ils se sont crus obligés de rendre visite à des gens dans
le malheur. Ils ont célébré Noël comme si c'était le dernier
de la petite Mona. Fiasco ! Ils n'ont rien compris ! Ils ont
voulu fêter avec la conviction qu'il s'agissait d'un dernier
Noël. Nous, nous voulions exprimer l'amour comme si
c'était notre dernière chance. Nous voulions tout y mettre.
Sauf la tristesse.

Étant donné que sa maman est la seule à croire qu'elle
va bien, Mona devient difficile. Elle se montre capricieuse
dès qu'il y a un visiteur et plus on la remarque, plus elle est
terrible. Il n'est pas encore minuit et c'est le désarroi le plus
total. Certains vont se cacher dans la salle de bain pour y
pleurer.

Le grand-père renifle en disant :

— Elle ne se ressemble plus du tout, ma pauvre petite-
fille. Elle ne guérira donc jamais ?

C'est réellement pénible de voir cette enfant bizarre
s'ébattre dans la maison.

Mona insiste trop, refuse carrément ou pique une
crise inattendue.

Ses joues sont épouvantables à regarder. Elles sont

enflées et cireuses; on croirait qu'elles vont se fendre. L'idée de lui dire de sourire avec plus de retenue me traverse l'esprit. Et ses quelques poils qui volent autour de son crâne... La perruque traîne sur le coin d'un meuble.

L'affolement des invités est compréhensible.

Ils ont voulu s'efforcer de faire plaisir et n'en retirent que de la souffrance. Ils ont complètement manqué le bateau. Il faut savoir éprouver de la joie quand on en donne. Et ils rient d'un rire forcé et nerveux. Ils boivent pour pouvoir tenir le coup jusqu'au moment du départ. J'essaie de les apaiser :

— Mona a eu une belle prise de sang pour Noël.

— Ah oui?

Ils ne veulent pas en parler. Pauvre femme! Ça crève le cœur. La scène leur devient insupportable. Les paroles sont superflues, la peur se lit dans leurs regards. Est-elle folle? ne se rend-elle donc compte de rien?

Allez-vous-en, que ça cesse enfin! Je m'agrippe au bras d'André parce que je me sens glisser vers le désespoir. Quelqu'un est allé chercher les manteaux, ils partiront bientôt. Personne ne s'est aperçu de ma défaillance d'une seconde.

*   *   *

Quelques jours plus tard, lors d'une réunion de famille où je me rends seule, André s'occupant des enfants pour me permettre de me changer les idées, je tente de m'expliquer.

Un petit cousin est venu me trouver en courant:

— C'est vrai que Mona va mourir?

— Qui t'a dit ça?

— Les grands. Leur maman l'a dit.

Je hausse le ton pour que tous m'entendent bien:

— On ne dit pas ça! Tu vois, t'es chanceux (cette manie que j'ai de chercher la chance partout), Mona ne t'a pas entendu. Elle a été très malade, mais, maintenant, elle va mieux. Ne répète jamais cela à personne. Tu aimerais qu'on dise cela de toi si tu étais malade?

— Non.

Il regarde son père qui a vendu la mèche. Il ne sait plus trop qui il devrait croire. J'efface son doute.

— Tu me promets de ne plus jamais dire ça. (Je n'ose pas répéter les mots, tellement je les trouve lugubres.)

Personne ne doit prédire la mort de Mona.

Ai-je raison? Qui peut le dire? Je me sens affreusement lasse. Cette lutte constante m'épuise. Je décide de rentrer à la maison. Les autres insistent pour que je reste et souhaitent en même temps me voir partir pour pouvoir discuter de la situation et parler plus à leur aise de mon aveuglement maternel.

Quant à moi, je m'obstine à apprendre une chanson à

Mona, pour le premier de l'An. « Il y a un chien chez nous, on est bien chez nous... » Mona chante devant toute la famille. Aucun chœur réunissant les plus grandes voix du monde ne pourrait être plus beau. Il y a un mois, elle était aphone et, aujourd'hui, elle chante. Tous l'applaudissent en retenant des larmes de joie.

*   *   *

Tony nous a envoyé un article sur la leucémie. André insiste joyeusement sur les trois ans de survie. Comme moyenne. Et là, plus bas, il est dit que cinquante pour cent de ceux qui tiennent pendant trois ans réussissent à se rendre jusqu'à cinq ans.

Je voudrais que le temps passe très vite pour arriver au bout de ces trois ans... Non! Il faut, au contraire, retarder les horloges au cas où nous ne ferions pas partie de la bonne moitié. Et puis, je me refuse énergiquement à compter. Pour mieux vivre.

Aujourd'hui, nous allons à l'hôpital pour l'injection mensuelle. J'apporte l'article pour le montrer au médecin.

— Voyez, Docteur. Vous savez, on peut même sauver la nouvelle pousse de cheveux. Il l'expliquent, ici.

Une bonne douche de réalité. Il me répond :

Écoutez, cet article a été écrit pour l'Association du cancer. On a besoin de fonds pour poursuivre les recherches. Ce n'est peut-être pas très scientifique.

Il promet néanmoins de s'informer à propos des cheveux. Les revues médicales en parlent, c'est bien vrai.

* * *

Chaque mois, j'aide le médecin à coiffer Mona d'un turban qu'on gonfle d'air et qui enserre son cuir chevelu. Il faut le garder ainsi, sous pression, pendant l'injection et pendant les cinq longues minutes qui suivent. Les éléments toxiques du médicament sont transportés directement à la tête par le sang et, en l'empêchant de se répandre dans le cuir chevelu, on protège celui-ci.

Ça ne te fait pas mal, Mona?

Sous l'énorme bandeau, elle fait signe que non. Nous comptons les secondes pour nous aider à patienter. C'est fini, on relâche.

Chaque visite mensuelle devient un jour de fête. C'est nous qui gardons l'auto pour aller nous promener au soleil de neuf heures du matin. Après l'injection, nous nous offrons un bon repas. Et vient le moment qui me comble de joie, celui où le laboratoire annonce : « Prise de sang NORMALE ».

La fête se prolonge durant tout le mois. Mona prend de la cortisone pendant les cinq premiers jours. C'est si peu cinq jours, comparés à un mois. Le reste du temps, elle n'a qu'une petite pilule à avaler le soir. Et, bien entendu, une prière à saint Joseph.

Pour chasser ma peur d'un avenir sombre, j'imagine le printemps prochain. Je fais des projets. Je songe même à me remettre à travailler à l'extérieur, pour aider à boucler le budget.

* * *

172

Le beau-frère de Californie, Joey, est venu nous rendre visite.

— On va en ville, aujourd'hui, c'est l'injection de Mona. Tu nous accompagnes.

C'est la deuxième injection mensuelle. Le médecin examine attentivement l'enfant et remarque ma gaieté insouciante. Il me demande :

— Comment la trouvez-vous ?

— Moi, je trouve qu'elle va bien, sauf cet essoufflement qui recommence. On dirait qu'elle cherche à reprendre haleine après avoir couru.

L'examen terminé, il me dit :

— Aujourd'hui, n'attendez pas les résultats. Je vous téléphonerai.

Nous allons tous les trois dîner en ville et flâner dans les magasins. De retour à la maison, l'inquiétude me gagne. Pourquoi le médecin n'a-t-il pas voulu me donner les résultats tout de suite ? C'est peut-être parce que Joey était avec nous.

C'est seulement au bout de deux jours qu'il me rappelle.

— Bonjour, Docteur. Je commençais à m'impatienter. Mais nous vous avons tellement dérangé, ces derniers mois, que je n'osais pas vous téléphoner à la maison juste pour me rassurer, pour que vous me confirmiez que les analyses sont toujours positives.

Je parle et il ne sait trop comment m'interrompre. Il a

des choses à me dire.

— Madame, ça ne sert à rien de jouer à cache-cache avec vous.

— Pourquoi à cache-cache, Docteur?

Et, subitement, je comprends.

— Qu'est-ce qu'il y a, dis-je, le souffle coupé.

— Il y a que la rate et le foie de Mona sont encore enflés.

— Comment était la prise de sang?

— Normale.

— Alors?

— Le foie et la rate sont les premiers signes.

— Les premiers signes de quoi?

— Je vous en prie, vous comprenez, n'est-ce pas?

Je mords dans mes mots:

— Vous m'aviez dit de vivre sans m'inquiéter, qu'elle était en rémission pour un certain temps! Ce ne peut être déjà fini, ça ne fait que commencer! Deux mois, Docteur!

— Je sais, je sais. Je regrette vraiment, je n'y puis rien. Demain, vous reviendrez. On fera une ponction de la moelle et on recommencera.

* * *

Assise à côté du maudit téléphone, je suis assaillie par le souvenir d'une chose terrible que j'ai osé faire, hier. J'ai donné une tape à Mona. Me voilà bien punie, ça m'apprendra à frapper ma fille. On me l'enlèvera pour de bon. Je revois la scène, Mona qui se tord sur son lit et ma main levée, prête à s'abattre sur l'enfant têtue. Comme je voudrais effacer ce geste !

Mais j'en avais assez des crises de Mona et j'ai voulu lui apprendre à mieux se conduire à l'avenir. Quel avenir ?

Je lui avais offert une paire de lunettes de soleil. Elle en avait terriblement envie et les avait mises aussitôt. J'attendais un merci. L'enfant gâtée avait oublié pourquoi on dit merci. Tant d'ingratitude m'avait agacée.

— Tu dis merci ou je te les enlève.

Déterminée à ne dire que ce qu'elle voudrait bien dire, Mona se mordait les lèvres. Plus je parlais, plus elle se refermait sur elle en refusant cet échange d'amour.

— Je te donne mon dernier dollar et tu ne veux même pas me remercier ! Tu n'es qu'une petite égoïste.

Je haussai le ton. Je ne savais plus si c'était la rage ou l'amour qui l'emportait.

— Tu te vois grandir comme cela ? (Je m'obstine à la traiter comme si elle allait grandir.) Eh bien ! moi, je ne veux pas faire de toi un monstre d'égoïsme que personne n'aimera et qui ne pourra aimer personne. Allez, dis merci !

Indignée de me voir en colère contre elle, Mona refusait avec une obstination croissante. Elle me poussait à

175

aller jusqu'au bout, tout comme je l'aurais fait avec n'importe quel autre enfant. Elle me défiait du regard.

Du coup, je lui enlevai ses lunettes et elle se mit à hurler de rage.

— Va faire ta crise dans ta chambre. Allez, va te coucher. Tu sortiras de ta chambre lorsque tu seras de bonne humeur.

Évidemment, Mona refusa de bouger. Bien décidée à ne pas céder, je l'empoignai et la portai sur son lit. Elle se débattait et me donnait beaucoup de mal.

— Arrête ça, ou...

Et V L A N ! Ma main s'était abattue. Francis accourut en criant :

— Qu'est-ce que tu fais là ?

Il pleurait en regardant Mona se lamenter comme si je l'avais égorgée.

— Tu bats ma petite sœur, ajouta-t-il, affolé, tu sais qu'elle est très malade et tu la frappes !

Je lui tournai rapidement le dos pour lui cacher mes larmes et j'eus le courage de dire :

— Mona, tu restes là. Tu sortiras lorsque tu voudras dire merci. Et alors je te rendrai tes lunettes. Pas avant, tu m'entends ?

Elle n'entendait rien, elle criait à rendre l'âme.

Encouragée par son frère et par moi, indirectement, elle avait finalement dit merci. Et, comme si elle s'était sentie soulagée d'un énorme poids, elle m'avait sauté au cou en répétant :

— Merci, mamie, merci beaucoup.

Je garde les yeux fixés sur le tapis du salon ; Mona passe près de moi en courant. Je l'attrape au passage.

— Viens ici, toi !

Je regarde ses mains, elles sont roses. Les yeux. L'intérieur de la paupière est tendu, et là, c'est rouge de sang. Mona n'aime pas me voir jouer au médecin avec cet air sérieux ; elle se secoue, incapable de rester en place, agitée.

— Va jouer, girouette !

Mon cœur bat fort, mais je refuse de céder à la panique. Quelle insouciance ! Je devrais être affolée. Est-ce que je veux m'aveugler délibérément pour ignorer ce qui fait trop mal? Non, c'est plutôt que je ne sens plus rien. Parce que j'ai eu trop mal. Je suis devenue insensible. Peut-être est-ce l'orgueil qui m'empêche d'accepter la défaite. D'où me vient ce calme intérieur?

Mon instinct maternel me fait prendre la vie au jour le jour, heure après heure. Et c'est l'heure de préparer le souper, justement. Comme si je ne croyais pas un traître mot de ce que je viens d'entendre, je lave la laitue, feuille par feuille, avec précaution, comme pour bien vivre ce moment, celui-là, seulement.

Ce soir, dans la baignoire, Mona me paraît bien rosée. Je téléphone à celui de mes frères qui est infirmier :

— N'y a-t-il pas d'autres maladies qui font enfler le foie et la rate?

— C'est peu probable dans son cas. Tu devrais te fier aux spécialistes. Nous en connaissons si peu en ce domaine.

* * *

La troisième ponction est beaucoup moins impressionnante que les précédentes. On s'habitue à tout, ma foi ! Je communique mon insouciance à Mona. Malgré ça, un violent déclic se produit en moi à la vue du médecin qui s'apprête à lui donner une injection de Vincristine. Je connais les fioles, je ne peux pas me tromper. S'il recommence à la bourrer de médicaments, c'est qu'il est certain de sa rechute. Néanmoins, je sens que je dois l'arrêter immédiatement, mais je ne sais qu'inventer pour l'empêcher de faire cette piqûre. J'essaie de gagner du temps :

— Qu'est-ce que vous faites, Docteur?

— Je lui fais son injection.

— Je sais. Mais elle en a déjà reçu une, il y a à peine une semaine.

— Mais nous devons recommencer. D'ailleurs, le fait qu'elle a reçu sa Vincristine a déjà fait diminuer son foie.

Je trouve, Dieu sait où, l'audace d'insister :

— Docteur, pourquoi n'attendez-vous pas les résultats de la ponction?

Il est si bon pour Mona, je regrette d'avoir l'air de douter de lui. Il s'explique :

— C'est que je veux lui épargner des souffrances inutiles. Elle dort. De plus, vous devriez revenir à l'hôpital.

Ça ne fait rien. Je peux revenir. S'il-vous-plaît, ne lui faites pas d'injection avant de connaître les résultats.

Il paraît irrité par tant de ténacité et d'aveuglement, mais jette le médicament dans l'évier et dit :

— Ça m'est égal; c'est vous qui devrez vous déranger.

Je le prie de me communiquer les résultats le plus tôt possible. Ce qu'il fait.

— La moelle est saine.

— Je le savais! lui ai-je lancé involontairement.

Il reprend, d'un ton presque agacé:

— Il y a sûrement quelque chose qui ne tourne pas rond. Ce n'est pas normal que son foie et sa rate soient enflés. Attendons.

Condamnée à attendre, je tourne sur moi-même, les mains en l'air et exécute quelques pas de danse. Je me sens guidée par je ne sais quelle force. Plus que jamais, je suis décidée à vivre. Mona me rejoint dans ma danse.

* * *

Mais enfin, qu'est-ce qui se passe encore? Ce n'est donc jamais fini? Que me reste-t-il encore à apprendre?

— Tu ne manges pas, Mona?

Je me morfonds à essayer de deviner ce qui ne va pas chez elle. Son teint est terriblement terne. Terreux. Et voilà que la fièvre s'en mêle. Nous allons nous rendre à la clinique. Il faut en savoir plus long. La soigner, faire quelque chose. Le docteur nous attend.

— Bonjour, Docteur!

Il a la mine basse, notre médecin, ce matin.

Tout en installant Mona, complètement apathique, sur la petite table blanche qui la reçoit une fois de plus, je lui dis, un peu à tout hasard :

— Docteur, Mona a les coins des yeux jaunes, je crois que c'est la jaunisse. Son teint...

Avant que je ne me sois redressée, il a passé la tête dans la porte et crie à la secrétaire :

— C'est la jaunisse! Mona a la jjj...

La nouvelle circule d'un bureau à l'autre. D'une infirmière à l'autre.

Le médecin sourit et je n'y comprends rien. En voilà des façons! Il est content que Mona ait la jaunisse! Finalement, il s'assied pour calculer le temps qui s'est écoulé depuis la dernière transfusion sanguine. C'est bien ça. Mona a attrapé la maladie d'un donneur. Un coup de téléphone pour convoquer celui-ci. La jaunisse se transporte dans le sang, m'explique le médecin, sans qu'on puisse la déceler. Une petite attaque ressemble à une simple indigestion. Il parle à toute vitesse et m'avertit en riant que Mona sera très malade. Elle vomira beaucoup. Cela durera trois semaines. Il sourit largement et je crois bien que ses yeux pétillent de joie.

— Est-ce dangereux pour sa vie?

Ça, au moins, je le comprendrai, me dis-je.

— Non! Non! Voici des suppositoires pour la soigner.

Tout heureux, il ajoute :

— Vous savez, c'est une chance qu'on ne lui ait pas administré le Vincristine : la crise aurait pu être plus violente.

Lui, il appelle ça de la chance.

Au poste, le personnel est en fête.

— C'est la jaunisse, me disent-ils avec allégresse.

Tous ces gens ont suivi le cas de Mona, la lenteur avec laquelle elle a réagi aux médicaments et cette rechute qui semblait s'annoncer, à peine deux mois plus tard. D'un point de vue médical, le traitement est un échec. Pas de réaction aux médicaments signifie pas de rémission. Et pas de rémission veut dire pas de survie. C'est la mort, un cas fini, classé dans les archives d'un hôpital!

Pour eux, elle revit. Mona restera en VIE.

Ils viennent tout juste de prendre conscience du miracle engendré par l'espoir.

* * *

Je rentre chez nous, le cœur plein d'une paix presque inquiétante, avec l'impression d'avoir compris quelque chose aux miracles. J'analyse ce qui s'est passé dans ma tête; car c'est là que le nôtre s'est produit.

Non seulement ai-je réussi à me débarrasser de l'angoisse terrifiante qui s'emparait de moi à la moindre alerte, mais je continue d'espérer en dépit de tout. Je compte sur des jours meilleurs, je les imagine si bien que je vis comme si la vie ne me réservait que de grandes joies. L'attente de la joie, c'est déjà la joie elle-même. Être heureuse d'abord intérieurement. Et les bienfaits s'en font immédiatement sentir, dans mon cœur en paix et dans ma respiration qui devient moins saccadée.

Consciente d'avoir presque trouvé le secret du bonheur, je jette un coup d'œil sur la banquette arrière. Mona est allongée, toute jaune, luttant contre les nausées.

— Mona, mamie est contente! C'est fou, c'est incroyable, mais je suis contente!

J'applique brusquement les freins. Mona est en train de vomir.

Elle est malade comme un chien. Elle se lève continuellement pour courir à la salle de bain. Chaque fois, tout le monde s'écarte rapidement pour la laisser passer. Mais elle n'a pas toujours le temps d'y arriver et des accidents se produisent dans son lit. Pourtant, elle ne se lamente jamais parce qu'elle sera bientôt guérie puisque sa maman le lui répète tout le temps. De plus, elle se rend compte, d'après le comportement de ceux qui s'occupent d'elle, qu'il ne s'agit que d'une bonne jaunisse et que ça va passer.

Je ne peux pas cacher ma révolte devant ses efforts pour vomir. Pourquoi, bon dieu! a-t-il fallu que ce soit justement à elle qu'on donne du sang porteur du virus de la jaunisse? Tout en nettoyant les vomissures, je comprends la différence qu'il y a entre une lutte menée avec la certitude de gagner et une autre qu'on considère perdue d'avance.

— Ça va passer, ma petite Mona. Dans quelques jours.

Et vient un moment où la jaunisse n'est plus qu'un mauvais souvenir.

* * *

Il a beaucoup neigé, cet hiver, puis le printemps est finalement revenu, comme toujours. Au cours d'un après-midi particulièrement ensoleillé, Mona nous déclare qu'elle est maintenant assez grande pour avoir sa propre bicyclette. André et moi échangeons un regard. Allons-nous la laisser se couvrir de bleus à force de tomber? Les chutes sont si nombreuses quand on apprend à aller en bicyclette et elle reste marquée par le moindre choc. Ou devrions-nous nous épargner la vue de ces bleus mémorables? et lui éviter, à elle, toutes ces misères inutiles? Comment ça, des misères inutiles? Dans la vie, on apprend à tomber et à se relever. Mona aura les jambes marquées des chevilles aux genoux, mais elle apprendra qu'on peut se relever après une chute, et moi, je m'habituerai à ne plus associer leucémie et meurtrissure.

André, de son côté, a suivi un raisonnement identique au mien. Tous les deux, nous pensons en termes de vie et non de quelques mois. Mona s'impatiente, nous hésitons trop longtemps avant de lui répondre. Elle tire sur ma jupe.

— Hein, mamie... S'il-vous-plaît! Regarde les autres, ils en ont, eux. Moi aussi, je veux la mienne!

Tout s'enchaîne très vite, comme chaque fois que son père et moi tombons d'accord. Mona a du mal à nous suivre tellement nous marchons rapidement, d'un pas décidé, vers la quincaillerie du coin qui expose de belles bicyclettes de toutes les couleurs.

184

Lorsque je n'en peux plus de voir Mona tomber et se relever pour la nième fois dans le fond de la cour, je rentre dans la maison et la laisse toute seule faire ses expériences d'enfant NORMALE.

Durant tout l'été, elle court au soleil, se baigne, joue. Et nous oublions de compter les mois qui s'écoulent. Nous sommes trop occupés à vivre et à lutter pour autre chose. Ce sont les jours qu'on n'additionne pas qui sont les mieux remplis. Les autres sont tristes et ennuyeux. On ne les vit pas, on attend ceux où l'on pourra enfin vivre vraiment.

*   *   *

Comme tous les enfants, Mona est inscrite à la maternelle. Son cartable est accroché à côté de la porte, ses vêtements sont prêts, ses petits souliers bien cirés. Elle contemple le tout avec impatience. Enfin, comme les autres, elle va prendre le chemin de l'école et s'éloigner tranquillement des ailes protectrices de sa maman. Après une dernière journée d'attente trop longue pour elle et trop courte pour moi, la jardinière nous accueille en souriant : c'est la rentrée.

J'attends le moment opportun pour entraîner un peu à l'écart la personne qui va passer plusieurs heures par jour avec Mona.

— Mademoiselle, j'ai quelque chose à vous demander.

Je déteste quémander des faveurs. Je m'efforce de parler d'une façon détendue, pas trop sérieuse, même si le sujet que je veux aborder est très grave. Je dois lui demander de veiller plus spécialement sur Mona, mais sans déclencher chez elle un réflexe de peur, de surprotection ou, pire encore, de pitié :

— Pourriez-vous m'avertir si des maladies contagieuses touchent l'un ou l'autre de vos élèves pendant l'année scolaire. Comme la rougeole, la varicelle... vous savez, les maladies d'enfants.

J'entreprends ensuite de la mettre au courant de la maladie de Mona. Il le faut. Je prononce le mot « leucémie » et l'annule aussitôt en insistant sur le fait que l'enfant va maintenant très bien et que, si je lui demande de m'aviser sans retard de la moindre maladie, c'est uniquement par prudence. Le médecin a fortement insisté sur ce point afin, le cas échéant, d'être en mesure de prendre les précautions nécessaires.

Mona ne tarde pas à nous prouver qu'elle est en parfaite santé en remportant le championnat de course à pied. C'est fantastique de la voir tenir son ruban de compétition, avec ses joues rouges et ses cheveux bouclés qui mesurent à peine quelques pouces. Elle est hors d'haleine et terriblement en vie. Je la prends, ma championne, et la fais tournoyer dans les airs. Nos rires se confondent. Nous connaissons la même joie indescriptible : la joie de vivre.

Nous mettons toujours le médecin au courant de tout ce qui nous arrive afin qu'il puisse, lui aussi, partager notre ravissement. Chaque mois, nous avons une nouvelle anecdote à lui raconter et les piqûres anti-leucémiques sont administrées dans un bavardage de bonnes femmes heureuses. Le médecin rit avec nous, bien sûr, mais il croit bon, de temps en temps, de me rappeler à la réalité :

— Tâchez tout de même de ne pas être trop optimiste.

Il me déclare ça au moment où je m'apprête à attaquer de front un nouveau mois, le cœur rassuré par la formule sanguine normale. Peut-être a-t-il découvert quelque chose? Pourquoi me dit-il ça? Il me cache une catastrophe! C'est bien ça, non? Non! Il ne me cache rien, il ne peut m'en dire plus que ce qu'il m'a déjà dit. Je n'ai qu'à apprendre à me boucher les oreilles. Tout simplement. Sinon, le doute va m'empoisonner la vie, cette bête noire qui fait hésiter, reculer, craindre, qui rend la vie insupportable et mine toute énergie. Je sais trop bien de quel bois est fait le doute. Je l'ai senti tant de fois le soir, en regardant la télé, quand, à mon insu, il venait me torturer.

Je me réveille de mon cauchemar; l'émission se termine et je n'en ai rien vu. Je suis restée là, les yeux fixés sur le petit écran, tourmentée par mes doutes. Ne me suis-je pas trompée? Mona n'a-t-elle pas l'air plus fatiguée, ces derniers temps? Non, c'est moi qui suis trop fatiguée et cela me rend inquiète. Est-ce qu'elle n'est pas en train de tousser? Est-ce que...? Mona a autant le droit que les autres enfants d'attraper une grippe. Je ne dois pas me laisser dominer par mes craintes. Je refuse de revivre la douleur causée par cette toux qui, il y a à peine quelques mois, nous déchirait tant le cœur et les oreilles. Résister à la tentation de lui donner trop de sirop, de la couver comme une grande malade... Apaiser mon imagination épouvantée.

Je vais la regarder dormir, toute rose et vivante. Ce doit être une simple grippe. Elle n'a pas de fièvre et devrait être sur pied dans quelques jours.

Le doute est toujours déclenché par des paroles comme celles du pédiatre, ce matin, ou par une histoire qu'on me raconte et qui me donne envie de crier.

— Tu as entendu parler de cet acteur célèbre dont le petit garçon avait la même maladie que Mona...

C'est plus fort que moi, je tends l'oreille dans l'attente d'un nouvel espoir. Mon interlocutrice me raconte que le riche monsieur avait emmené son fils faire le tour du monde. Un beau et grand voyage. L'histoire finit par me captiver et j'imagine le père et le fils faisant un voyage merveilleux, comme dans un conte de fées. Sans attendre la fin de l'histoire, poussée par le désir d'être trompée, je demande :

— Et puis, l'enfant a-t-il guéri?
— Bien non! Il est m...
— Laisse tomber!
Je la coupe sèchement.

Aussitôt, je m'en veux d'avoir écouté cette histoire. L'effet est toujours aussi néfaste; tout mon comportement vis-à-vis de Mo a et du reste de la famille s'en trouve influencé. Dès que je me rends compte que j'ai encore donné prise au doute, je m'oblige à penser à autre chose.

Voilà! Riche ou non, je ne ferai jamais de dernier voyage avec mon enfant. Parce que, vu sous cet angle, ce ne pourrait être un beau voyage. Un voyage est agréable lorsqu'il permet de nouveaux contacts, ouvre de nouveaux horizons. Ça y est! J'ai réussi, je pars en pensée vers des lieux où le ciel s'enflamme comme au Nouveau-Mexique. Tiens, un jour peut-être, pourrons-nous y aller, toute la famille ensemble.

Mona me surprend perdue dans mes pensées ensoleillées. Elle revient de l'école, ravie. Entre deux bouchées de pomme, elle me raconte, les yeux pétillants, toutes les nouvelles choses qu'elle a apprises, toutes plus excitantes les unes que les autres.

— Maman, je sais compter. Maman, je peux lire. Maman, j'ai des amis.

Et je lui réponds, en songeant à mes propres découvertes :

— Tout ce qu'on apprend est excitant, ma fille.

*　*　*

J'en ai maintenant la preuve : les jours où le doute m'envahit sans que j'y oppose la moindre résistance sont ceux où je me laisse accabler par la vie, où je me traîne péniblement, où je n'arrive pas à m'émerveiller. Je dois rester continuellement sur mes gardes pour ne pas me laisser anéantir par les paroles maladroites, les commentaires involontairement cruels. Et réagir sans perdre une seconde pour détruire à sa source même, c'est-à-dire dans mon esprit, le germe des pensées destructrices. Faire face mentalement, telle est la règle de conduite que je me suis instinctivement imposée pendant les jours difficiles de la maladie de Mona. Pour survivre.

Pour apprendre à dominer mon corps et, par le fait même, mon esprit, je fais du yoga. Ou bien aurais-je dû essayer de maîtriser mon esprit d'abord? Je veux tout apprendre en même temps. Le bien-être de ma famille exige que je me sente bien à la fois dans mon corps et dans mon esprit. Car, je l'ai découvert dans mon cœur de femme et il me faut bien l'admettre une fois pour toutes, je suis vraiment l'âme de ma famille.

Néanmoins, je refuse d'être une âme prisonnière dans son propre foyer. Je veux m'épanouir, me dépenser, remplir mes journées d'une façon qui m'apporte quelque chose et couronner le tout par un bienfait tangible : un salaire. Mais puis-je me le permettre si cela signifie que je serai moins présente à la maison et que les enfants devront se faire garder? Même à ce prix? Et Mona? Je ne pourrais plus être aussi attentive à ses besoins et je vais lui manquer. Privilégier mon épanouissement, quel égoïsme! Je suis tiraillée par ma conscience de mère. Aurais-je déjà oublié ce qu'est la culpabilité, ce sentiment qui nous ronge lorsqu'il est trop tard et nous fait nous mordre les lèvres en pensant : « Si j'avais su »?

Mais mon entêtement à vouloir traiter Mona comme si elle allait grandir m'incite à poursuivre ma réflexion. Parce que si Mona avait toute la vie devant elle, si elle devait devenir une femme à son tour, je n'hésiterais probablement pas. Je ne veux pas être une de ces mères qui s'accrochent aux rêves qu'elles font pour leurs enfants parce qu'elles n'ont pas su réaliser les leurs et n'ont pas une vie personnelle enrichissante.

Tout en rangeant les draps frais dans l'armoire, je me propose de faire le ménage de ma vie. Je caresse l'idée, en refermant la porte, de devenir une femme heureuse d'être mère. La photo des enfants accrochée au mur de leur chambre est de travers. Je la redresse en leur disant : « Voilà, mes amours, je ne serai pas une mère qui se satisfait d'être une femme de temps en temps. J'espère que vous comprendrez. »

Désormais, je ne me demanderai plus quand viendra pour moi le moment d'être heureuse. Plus tard, quand les enfants seront grands? Quand je serai riche? Quand j'aurai davantage de liberté? Non, c'est aujourd'hui qui compte et il n'y a pas de temps à perdre! C'est aujourd'hui que je veux être contente d'avoir vécu, ni hier, ni demain. Aujourd'hui! Le temps passé ne revient jamais. Et je ne vivrai pas en attendant le retour du mari et des enfants en m'assommant à coup de nicotine et de café pour, ensuite, m'endormir avec une Valium.

Je secoue vigoureusement le tapis et le replace d'un coup de talon.

Je songe en souriant à ma grand-mère qui savait repousser son seau d'eau en plein milieu de son parquet à moitié lavé, se relever, retrousser ses jupes et danser une petite gigue quand la musique qui sortait de la vieille radio lui en donnait le goût. Grand-maman, tu avais douze enfants et tu dansais; moi, j'en ai deux et j'ai envie de bondir. De tracer un chemin nouveau pour Mona, la future femme.

De pareilles idées ne pouvaient pas ne pas causer de problèmes, mais ça en a valu le coup. Le soir, fatigués, tous les membres de la famille se retrouvent au bercail et se racontent leur journée. Il faut apprendre à partager les tâches domestiques et je me retrouve souvent avec la plus grosse part. J'ai de la difficulté à m'imposer. Mona proteste :

— Je suis fatiguée, moi.

À six ans, elle connaît déjà mon point faible mieux que moi. Cette satanée crainte qui remonte sans cesse à la surface : la rechute prévue par les médecins, par les statistiques. Comme je n'arrive pas à lui faire faire de petits travaux, je ne peux rien demander à son frère, histoire de ne pas avoir à expliquer les doutes que je repousse ou question de justice. De toute façon, fatiguée, troublée par quelques secondes de faiblesse, je finis toujours par déclarer :

— Ça va, laissez faire, je me débrouillerai. Allez jouer !

*   *   *

L'hiver est déjà de retour. Les mois passent sans qu'on ait le temps de les voir. On les ponctue d'une visite à l'hôpital, ce qui nous vaut une journée de congé. Pourquoi pas, après tout? Mona est habillée en rouge, le chapeau, les pantalons. Le petit manteau de lapin blanc offert par la grand-maman américaine contraste admirablement avec la chevelure noire de ce petit bout de femme qui court embrasser son pédiatre.

— Aujourd'hui, dit-il, j'ai une nouvelle à vous apprendre.

Il prend Mona sur ses genoux.

— Tu sais, les piqûres que tu reçois chaque mois, eh bien, c'est la dernière. Fini, tu n'en recevras plus maintenant. Tu es contente?

Mona lui saute au cou. Il m'explique:

— À l'avenir, elle ne prendra qu'une pilule par jour. Je vous laisse juge du moment où il faudra procéder à une analyse sanguine.

Il me donne quelques indices sur une hémoglobine basse.

— Regardez les lignes de la main. Tendez les doigts. Les lignes doivent être rougeâtres, comme maintenant.

Il me tape gentiment sur l'épaule en me répétant de ne pas hésiter à lui téléphoner à la moindre inquiétude. Et c'est en croisant les doigts en signe de chance qu'il nous regarde partir.

— Merci, merci, docteur, lui dis-je joyeusement.

193

Je me retiens pour ne pas sauter de joie, en pensant à cette victoire incroyable. Mona et moi courons presque le long de cet interminable corridor qui nous a si souvent vues passer la tête basse et le cœur triste.

— Mona, t'es belle, mon amour.

Et j'ajoute aussitôt :

— Ne va pas le croire, tu deviendrais moins belle.

Mona redresse son chapeau en riant :

— T'es drôle, toi, mamie, tu me dis que je suis belle et de ne pas te croire !

— Bien oui...

Et je garde le silence sur mes critères à propos de la beauté.

Toute la famille se réjouit autour de la table en apprenant la bonne nouvelle. Nous nous sentons tous débordants de vitalité et avons le goût de sauter. André organise alors une partie de football dans le couloir qui longe la salle à manger et le salon. Ça donne un terrain de vingt-quatre pieds de longueur. Mona recevra les passes. Les équipes se forment et, en bonne ménagère, je me lamente :

— Ça n'a pas de bon sens, vous allez rayer le parquet...

Un regard d'André me fait comprendre que les enfants garderont davantage le souvenir d'une partie de football avec leurs parents que celui de quelques égratignures sur un parquet. Et le jeu commence. Mona attrape la passe qui lui est destinée pendant que je tente de l'intercepter en bloquant André. Par la suite, nous jouerons souvent comme ça, au soccer ou au football, jusqu'au jour où une grande vitre volera finalement en éclats.

Le sous-sol est transformé en terrain de hockey et Mona en gardien de but. Elle fait un drôle de gardien avec ses deux tresses qui dépassent de son masque. Elle porte les jambières de son frère et sait tendre la jambe à la vitesse de l'éclair.

— Quel arrêt, Mona !

Mona, qui excelle dans les sports, sait également être gracieuse. Elle s'inscrit à un cours de patinage artistique et décroche six « badges » dès la première saison.

* * *

194

— Mamie, pourquoi dois-je prendre des pilules, chaque soir? Je ne suis pas malade, moi.

— C'est pour te garder en bonne santé.

— Ah! Bonne nuit.

— N'oublie pas ta prière, ma grande.

En rangeant machinalement la boîte de pilules, je regrette ce geste quotidien. Cela fait maintenant deux ans qu'on a arrêté les injections et qu'elle avale des comprimés. Tous les jours à la même heure, je les lui apporte avec un verre de lait. Elles nous rappellent constamment que la maladie est là qui nous guette. De plus, elles nous ont valu quelques bonnes frayeurs, parce qu'elles agissent sur la formule blanche du sang en la maintenant à un niveau assez bas qui, parfois, l'est même trop. À l'hôpital, on me disait :

— Ne vous alarmez pas! (Ça y est, je m'inquiète.) Peut-être est-ce juste une question de dose excessive.

Suivent quelques jours sans pilules, pendant lesquels nous observons Mona davantage pour déceler le moindre signe de rechute... pendant lesquels je me répète mille fois qu'elle va très bien, mais le petit papier magique qui me le confirmera n'arrive jamais assez vite. Je me retiens pour ne pas l'arracher des mains de la secrétaire qui, bien sûr, doit le remettre d'abord à son patron. Je l'accompagne en lui marchant sur les talons dans l'espoir d'apercevoir quelques chiffres. Le pédiatre me rassure :

— C'est normal. Voyez, la formule blanche est remon-

195

tée à quatre mille. C'est très bien !

Et je laisse échapper un OUF ! de soulagement. Je me demande comment me blinder contre toutes ces émotions.

— Je ne peux pas continuer à vivre, suspendue à un fil comme cela.

— On vit tous suspendus à un fil, réplique André avec un air de bouddha.

— Oui, mais avec le mien, j'ai l'impression de me balancer au-dessus du Niagara.

Je tâche tout de même de m'habituer aux variations de la formule sanguine de Mona. Ce n'est pas grave, cela s'est déjà produit lorsqu'on augmente les doses. Et quand la formule blanche monte en flèche, il s'agit d'une réaction à une infection.

— Merci, docteur, de vos explications.

* * *

Mona grandit très vite dans cette maison où tout le monde poursuit sa propre évolution, accompagnée, parfois, de brefs reculs. Quelquefois, le prix à payer pour cela me paraît si élevé que l'idée de démissionner me traverse l'esprit. Ne plus bouger. Ne plus participer aux activités à l'école des enfants, ne plus travailler, ne plus étudier et faire un de ces bons ménages pour, ensuite, m'immobiliser dans un coin de la maison comme un meuble de prix. Je ne me fâcherai plus jamais. Je me contenterai de regarder mon mari progressant en tendant la jambe pour le faire trébucher et le retenir près de moi le plus longtemps possible. Il me serait très facile de le prendre au lasso avec la corde de la culpabilité. Mais je ne voudrais pas d'un homme pris au piège. Pouah! Cette seule idée me fait frissonner d'horreur. Non, je continuerai d'étudier pendant que lui cherchera sa vérité. Une vérité d'homme. Qu'en est-il pour la femme? La place de la femme dans la société provoque des grincements de dents. Chacun défend son point de vue et veut le faire respecter par l'autre.

— C'est à ton tour de garder les enfants. J'en ai passé des soirées à la maison, moi, quand tu préparais ton bac.

C'est bien beau les grandes théories sur la liberté (lorsqu'il s'agit des autres couples, jamais du nôtre), mais quand on passe aux actes, c'est moins drôle. Hein, André! On est obligé de renoncer à une partie de cartes avec les copains pour s'occuper des petits.

En montant coucher les enfants, je pense à toutes les

choses que je dois leur enseigner : Comment faire son lit — Comment tolérer un voisin détestable — Comment se laver là, derrière les oreilles. Je n'y arriverai jamais seule ! André devra faire sa part. Toi, Francis, il faut que je t'apprenne à te sentir vainqueur même lorsque tu perds. Ma petite Mona, je te montrerai comment te dépêcher tranquillement. Tu vas trop vite.

Tout en les regardant enfiler leurs pyjamas, je me dis que j'aimerais bien les voir grandir en préservant leur cœur d'enfant. Il leur faudra bien, en fin de compte, apprendre à formuler leurs besoins sans être arrogants et à être polis sans mentir. Et surtout à pardonner. — Comment pardonne-t-on ?

— Mona, tu ne vas pas te coucher aussi fâchée. Tu sais, je t'aime même si je te gronde. Tu dois dormir en paix et non avec un cœur débordant de rancœur.

— Oui, oui, ça va, me répond-elle à la sauvette pour que je lui fiche la paix.

J'insiste toujours pour que son sommeil soit réparateur. Cela me semble un point indispensable pour rester en bonne santé.

— Allons, ma petite Mo, dis-moi ce qui t'a fait de la peine.

Je fouille dans son cœur et, désarmée par mon insistance à vouloir la voir s'endormir heureuse, elle me dit, en retenant un sourire :

— Tu ne lâches donc jamais, Mamie...

Un bras autour de mon cou, elle récite sa prière préférée :

— Il y a beaucoup de différence entre moi et ceux que j'aime ; aide-moi, Jésus, à ne pas laisser ces différences nous diviser.

Amen.

Oh ! Mon cours de philo commence dans quelques minutes. Je me dépêche de quitter la maison en pensant que, à peine a-t-on résolu un problème, il faut déjà en passer la solution à son enfant.

— Bonsoir, mon amour, garde bien, dis-je à André en oubliant que, officiellement, nous sommes en froid.

Il secoue la tête à la fois heureux et ennuyé d'avoir une femme qui n'arrive pas à se contenter de courir les magasins et d'aller voir un film de temps en temps. Non, il faut que madame suive des cours. Qu'est-ce que ça peut bien t'apporter, hein? J'imagine son raisonnement et referme la porte sur son embarras à propos des femmes. Mais je me promets de trouver un moyen pour que nous arrêtions de nous renvoyer les enfants comme une balle de ping-pong : c'est ton tour, c'est mon tour... Ça n'a pas de bon sens. Je dois réussir à lui montrer la différence entre une femme libre, contente de revenir chez elle, et une femme contrainte d'y rester.

J'ai dû réussir à l'en convaincre hier soir, parce que, ce matin, Mona déclare au médecin :

— Vous devriez les voir, docteur, mon père et ma mère, ils sont toujours en train de se minoucher.

— Mona, tais-toi et montre ta gorge, c'est pour ça que tu es venue, lui dis-je en rougissant.

Comme le docteur examine attentivement Mona à la moindre égratignure, une relation assez particulière s'est établie entre eux. Quand on ne rencontre son pédiatre que deux fois par an, on n'a pas envie de lui parler; on se contente de supporter pudiquement l'examen en ayant très hâte qu'il en finisse. Mona est très à l'aise avec son médecin et lui raconte tout ce qui lui passe par la tête. Il suffit qu'il lui pose une petite question banale en regardant ses oreilles pour déclencher un déluge de paroles. Du coup, la petite en oublie complètement l'examen. Je peux voir le médecin rire dans sa barbe en palpant la rate de sa jeune patiente.

Je ne me suis pas encore remise des indiscrétions de ma fille lorsque j'entends :

— J'ai bien envie de les arrêter. Ça fait longtemps que je me renseigne sur la question, vous savez, et la survie ne dépend pas forcément de la longueur du traitement.

— Je ne vous ai pas suivi, docteur, de quoi parlez-vous?

— Des médicaments. Ils maintiennent ses globules blancs à un niveau assez bas et je crois qu'elle luttera beaucoup mieux toute seule contre les microbes. On arrête le traitement, vous êtes d'accord? ajoute-t-il en riant.

Si je suis d'accord! Timidement, toutefois, je lui pose une question qui me hante parfois:

— Il n'y a vraiment aucune possibilité, docteur, pour que vous vous soyez trompé de diagnostic?

Tout en feuilletant machinalement l'énorme dossier médical de Mona, il laisse tomber:

— Sa moelle était foutue...

Puis il redevient gai en notant que nous venons de franchir le cap des trois ans. Nous faisons maintenant partie du groupe des chanceux qui auront sûrement une rémission de cinq ans. Pour le pédiatre de Mona, l'heure de la victoire sonne en ce moment même et il raye le mot « leucémie » sur la ligne réservée au diagnostic, sur le formulaire de test sanguin.

— Ce n'est plus nécessaire, dit-il, content de ce geste concret qui donne encore plus de poids à ce qu'il vient d'affirmer.

J'éprouve une joie dont je connaissais déjà le goût, à force de vivre dans l'attente de ce jour.

Le même soir, je jette les petits comprimés blancs dans la toilette et je chasse avec l'eau tous les mauvais souvenirs. En faisant ma tournée pour embrasser les enfants, je leur chuchote dans leur sommeil tous les mots tendres que je n'ai pas eu l'occasion de leur dire pendant la journée:

— Je suis contente de t'avoir, mon fils, et je t'aime...

Je m'attarde un peu plus auprès de Mona et j'admire tout ce chemin parcouru depuis trois ans.

* * *

Mona a maintenant huit ans. Depuis quelque temps, elle a recommencé à étudier le piano et elle enchante toute la maisonnée avec un morceau qu'elle interprète en y mettant une douceur qui nous ravit l'âme. Puis, quand elle a fini de jouer, elle se lève, nous regarde, chacun vaquant à ses occupations, et, l'air faussement embarrassé, nous déclare :

— N'applaudissez pas si fort, je vous en prie. Merci! Merci!

Elle salue en se penchant jusqu'à terre.

— C'est très beau, Mo, mais on ne va pas t'applaudir chaque fois que tu t'exerces, lui ai-je répliqué en me retenant de lui dire que mon cœur l'applaudit pour chaque jour vécu.

— Oh! Ce n'était qu'une farce, me répond-elle, comme intimidée par sa propre audace.

Et elle file se chamailler avec son frère qui n'arrête pas de la taquiner. Les voyant se tirailler, je les rappelle tranquillement à l'ordre :

— Pas si fort, c'est une fille.

— Hum, elle est plus forte que moi, riposte Francis d'une voix étouffée, en faisant une prise à Mona qui se dégage adroitement.

Oui, Mona est forte, physiquement et moralement. Même les garçons la respectent à l'école. Elle est également première de classe, ce qui accroît sa confiance en elle. Elle joue même au professeur en aidant ses compagnes.

L'autre jour, elle me racontait ses projets d'avenir. Elle voulait devenir garde-malade. Ah! et puis pourquoi pas médecin? Non, j'aime les animaux, je deviendrai vétérinaire. Et elle rêvait de donner des concerts.

Je la regardais faire des grimaces devant le miroir, je souriais de la voir changer d'expression en même temps que de métier.

— Commence donc par ranger ta chambre.

Elle avait ignoré ma remarque typiquement maternelle pour me demander carrément:

— Pourquoi, mamie, que ce sont tous des hommes, les grands composeurs?

— On ne dit pas composeur, mais compositeur, répondis-je pour esquiver sa question qui risquait de nous entraîner trop loin.

Et, avant de refermer la porte de la chambre transformée en magasin avec un tas de vieux bijoux à vendre, j'avais dû céder aux instances de la petite vendeuse et lui acheter quelques babioles avec des billets de Monopoly. En même temps, j'avais pensé à Schubert qui n'avait sûrement pas composé ses mélodies en faisant le ménage.

— Merci, madame, vous reviendrez, n'est-ce pas? Attendez! Vous oubliez votre monnaie.

* * *

À l'hôpital, les spécialistes s'intéressent vivement à ce cas qui évolue si bien. On m'invite à venir répondre aux questions d'un groupe de médecins et de psychologues. Je proteste :

— Je ne peux rien dire de plus que ce que vous savez déjà.

Mais l'organisateur insiste en soulignant que mon expérience pourra sûrement aider d'autres personnes et je ne peux plus refuser.

En présence des spécialistes, je réponds très prudemment, de peur de paraître insensée en dévoilant tous mes secrets. Je leur parle quand même de mon principe, vivre au jour le jour.

— Comme un alcoolique? me demande-t-on.

— Oui, c'est ça. Et, en plus, il faut avoir envie de réussir et garder confiance en l'avenir.

— Comment réagissez-vous devant telle ou telle situation?

Ce sont des faits concrets qu'ils veulent. Je leur en cite quelques-uns.

— Vous dites que vous lisez sur le sujet, pourquoi?

J'avais laissé échapper ce détail, ils risquent de penser que je suis masochiste. Mais je leur déclare calmement :

— C'est pour mieux comprendre, c'est pour mieux aider.

Je me souviens du soulagement que j'ai ressenti lorsque, à la fin de la réunion, les gens se sont dispersés autour des tables où le café est servi. Comme je me trouve à côté d'un psychologue, je me risque à lui dire :

— Écoutez, moi, je ne sais pas si je fais fausse route, mais c'est la seule façon que j'ai pu trouver de continuer à vivre...

Je cherche discrètement à me faire confirmer que j'ai bien toute ma tête à moi. D'un ton qui a la résonnance d'une question, il me répond :

— Il y a fort à parier, madame, que si vous aviez quitté l'hôpital le premier jour, convaincue que votre fille allait mourir au bout d'un an, c'est probablement ce qui serait arrivé.

Ses paroles me réjouissent tellement que je n'entends presque plus ce qui suit. Quelqu'un a compris ce que je voulais dire. Je n'étais ni folle, ni trop optimiste, ni irréaliste. Je rentre chez moi avec une assurance de plus en plus évidente. Il pleut, une pluie merveilleuse, et moi, je vois briller le soleil.

* * *

Quelque temps après, je suis de nouveau invitée, mais pour faire un petit film vidéo destiné aux étudiants en médecine. Cette fois, je me livre un peu plus. Si bien qu'on finit par m'interroger sur mes convictions religieuses.

Êtes-vous croyante?

En voilà une question! Comment ça, croyante? S'il veut dire que la religion décide à ma place de ce qui est bien et de ce qui est mal... La réflexion me donne un air sceptique et le médecin précise sa question:

— Vous savez, d'une manière religieuse, dans le sens ancien du mot.

Je m'imagine une bonne vieille dame implorant le ciel des yeux et priant pour mieux accepter son sort au lieu de le prendre en main. Je réponds:

— Non, pas comme ça.

Et la question suivante arrive trop tôt. J'aurais voulu dire que, à mon avis, il est nécessaire de croire... d'espérer. C'est finalement en discutant avec André que je trouve la formule idéale:

— *I believe in being a believer. There, I got it!*

* * *

205

Mona, qui n'aime pas jouer à la poupée, se montre, en revanche, très maternelle avec les chiots de Kiki. Elle a assisté à leur naissance et a donné à chacun un nom selon ses caractéristiques. Elle leur distribue une affection individuelle en tenant compte du tempérament de celui qui préfère dormir dans son cou ou de celui de la petite noire qui aime tellement jouer. Lorsque Kiki n'a plus de lait pour les nourrir, Mona décide sagement de leur dire adieu. Elle va offrir ses petits chiens d'abord aux voisins les plus proches afin d'avoir ainsi l'occasion de les voir grandir.

Comme son frère aîné, Mona est devenue « camelot » une fois par semaine et distribue le journal local pour se faire un peu d'argent de poche. Chaque fois que Noël approche, elle est la première à se précipiter dans les magasins où elle choisit avec soin un petit cadeau pour chacun. Elle les enveloppe amoureusement dans un papier qu'elle colorie elle-même. Souvent, le papier devient plus précieux que le cadeau, tellement elle s'efforce de le rendre aussi gai que son cœur. L'arbre de Noël n'est jamais préparé assez tôt pour Mona. Elle décore sa chambre et tient à donner un air de fête à toutes les pièces de la maison.

— Mona, je t'en prie, pas de guirlande dans la salle de bain, il y a toujours une limite !

Elle insiste pour que le réveillon ait lieu chez nous et est au comble de la joie lorsque tous les invités se mettent à danser et à chanter autour du piano. Boute-en-train, elle accepte de danser une polka avec oncle Bertrand et une gigue avec grand-papa.

Bientôt, Mona connaît l'époque des cœurs dessinés dans la main avec un gros « M aime? » qui traverse le dessin.

— Qui est le point d'interrogation? Allez, tu peux bien me le dire..., voudrais-je savoir discrètement.

Mona rougit. C'est beaucoup trop secret, même le petit garçon ignore tout de cet amour dont il est l'objet. Le point d'interrogation se change audacieusement en initiales vers la fin de la cinquième année scolaire.

— Eh! là! Ça devient plus sérieux, la taquine son père.

* * *

Puisqu'on parle d'amour... J'en suis arrivée à un point, dans ma vie de femme, où je ne me bats plus pour mon indépendance, consciente de la posséder... presque. Je chéris un désir que je n'ose pas m'avouer. C'est insensé! Mes enfants sont grands et nous commençons à peine à nous offrir un peu de luxe et quelques voyages. Comment pourrais-je me permettre d'avoir un autre bébé et recommencer à laver des couches. De plus avec des remarques du genre : « Toi, tu ne sais jamais ce qui te pend au bout du nez... » (comme si tout le monde le savait, sauf moi), il m'est difficile d'oublier complètement ma peur. Je devrais au moins avoir la décence de conserver la crainte de transmettre cette maladie, non?

À l'hôpital, on m'assure que ce n'est pas héréditaire, même si on ne connaît pas vraiment la cause de cette affection.

Le désir d'aller au bout de ma féminité et la vue des petits bébés m'attendrissent dangereusement. De toute façon, j'oublie ma prudence habituelle et je me retrouve enceinte. Je le savais!... On n'oublie pas une nuit de merveilleuse insomnie, pas plus qu'on n'oublie les leçons de la vie. Je m'en souviendrai toute ma vie, même pendant les moments difficiles que m'imposera cette nouvelle responsabilité. Minute! Pourquoi penser aux mauvais moments? Pourquoi ne pas penser aux joies?

Je m'arrête de courir et veux goûter chaque moment de cette maternité. Jusqu'à cette lourdeur typique des derniers mois de la grossesse, je me sens heureuse de croire en la vie, au point de tressaillir en la sentant bouger à nouveau dans mon ventre de mère. Cette maternité me donne des ailes, et je prépare le nid familial pour la venue de ce petit être.

Mona voudrait que ce soit une fille et insiste pour que l'on commence par peindre sa chambre. Elle m'aide et, toutes les deux, nous profitons de cette intimité pour parler de questions propres aux femmes.

— Moi aussi, j'en aurai, des seins? Quand vais-je être capable d'avoir des bébés?

Et elle ajoute immédiatement, sans attendre ma réponse :

— Il faudrait d'abord que je leur trouve un bon papa comme le mien.

* * *

Enfin le grand jour arrive et notre second fils fait une entrée remarquée dans ce monde, accueilli par son père qui voulait participer à l'accouchement pour ensuite en savourer la délicieuse récompense. Les enfants expriment leur joie en fabriquant une grande pancarte qu'ils suspendent au-dessus de la porte d'entrée :

«WELCOME HOME, MOM AND MARK»

Mais un nouveau-né, ça s'impose dans une maison. Les membres de la famille doivent s'oublier devant ce tout-petit à qui sa fragilité donne tous les droits. Mona doit à regret laisser sa place et partager son papa et sa maman. Ils ont toujours ce bébé dans les bras. Elle en a par-dessus la tête d'entendre : Attends, Mona, Pousse-toi, Mona. Mona, laisse le bébé.

Un jour où elle est particulièrement assoiffée d'attention, Mona nous écrit une lettre qu'elle colle bien en vue sur la porte de sa chambre :

« Bien chers parents,

Ne me cherchez pas demain, c'est inutile, vous ne me trouverez pas. Je m'en vais. J'en ai assez ! Assez ! Vous n'avez plus jamais une minute pour m'écouter. Maman ne vient même plus s'asseoir sur mon lit le soir et jaser avec moi.

Adieu !
Votre seule fille
Mona. »

— Nous l'avions pourtant bien préparée, nous répétons-nous en tentant de nous déculpabiliser.

Nous entrons dans sa chambre, conscients que chaque membre de la famille a besoin de tendresse et d'attention. Le problème, c'est la répartition. Je me sens comme une fontaine qui n'aurait jamais assez d'eau pour assouvir tout son monde.

En nous penchant pour embrasser tendrement notre princesse endormie, nous remarquons une petite note que Mona a collée sur sa table de chevet pour que ce soit la première chose qu'elle voie en s'éveillant. Elle est très matinale et ne voulait pas que sa bonne humeur coutumière lui fasse oublier ses résolutions. Elle a rédigé le mémo suivant :

« N'oublie pas, demain t'es supposée être fâchée et te sauver de la maison. »

Mona a les paupières qui papillottent et fait semblant de ne pas entendre nos rires.

Le lendemain, elle veut mettre son plan à exécution, malgré nos supplications. Francis, en dépit de ses douze ans, affirme qu'il connaît très bien ce que Mona vit, il est passé par là, il sait à quel point ça fait mal d'être privé de l'attention de ses parents. Il propose son aide.

— Laissez-moi faire, dit-il.

Il va trouver sa sœur dans sa chambre.

— Ne prépare pas tes bagages tout de suite, Mona, viens avec moi.

Devenus complices pour la circonstance, ils partent tous deux faire une longue promenade pour mieux rouspéter contre leurs parents et partager leur malchance. Ils flânent assez longtemps à l'aréna pour arriver en retard pour le dîner, afin de mieux nous inquiéter. En les accueillant, je leur dis :

— Je suis contente de vous voir, je vous ai préparé votre repas préféré.

Mona a l'air ennuyé, elle ne sait pas trop comment obtenir cet amour auquel elle a autant droit que le bébé. Finalement, après le repas, elle nous annonce que, pour cette fois, elle ne partira pas. Elle est sur le point d'y mettre des conditions, mais n'en a pas le temps. Toute la famille lui saute au cou et lui dit :

—.Tu sais bien qu'on t'aime... même si on te demande continuellement de faire les courses !

Et au baptême de son petit frère, Mona lit avec conviction, et en français, un texte de « Jonathan le Goéland » qu'elle adapte :

« Plus haut, Mark, toujours plus haut... »

Tandis que son frère reprend pour les parents de langue anglaise :

« ... *There is more to life than eating or fighting or power...* »

Le contact de ce petit être et sa fraîcheur m'emplissent d'une immense joie de vivre et je me sens transportée par un désir de lutter pour rendre notre monde meilleur. Ce petit souffle dans mon cou me communique un goût de continuité — un goût d'éternité pour l'homme qui se crée, et la bouche de mon enfant têtant mon sein agrandit mon rêve de femme. Je ne vais pas m'arrêter là. Une femme ne doit pas s'arrêter à la procréation. Je veux communiquer mon expérience et j'écrirai ce livre.

* * *

Mona, la petite fille qui est en rémission depuis sept ans, va donner un concert ce soir, avec ses camarades d'école. Les parents sont venus en grand nombre pour applaudir leurs rejetons.

— Chut! Mona va commencer.

J'ai mon jeune enfant dans les bras, et je regarde avec fierté ma grande fille de douze ans interpréter ce morceau que toute la famille connaît par cœur à force de l'entendre répéter. Une lueur particulière brille au fond de mes yeux, non pas parce que c'est ma fille qui joue si bien du piano, mais parce que cette scène à laquelle j'avais si souvent rêvé est enfin devenue réalité.

* * *

Il y a quelques mois de ça.

Cette nuit, nos cheveux sont emmêlés sur l'oreiller. Nous essuyons nos larmes. Nous avons appris, cet après-midi, que nous devrons recommencer. L'hématologue l'a confirmé : rechute.

Nous n'avons pas peur, nous venons d'échanger un vœu, celui de faire de cette nouvelle expérience une bien plus belle histoire encore.

* * * * *

UN TÉMOIGNAGE*

Je n'ai pas hésité un seul instant avant d'accepter d'apporter mon témoignage en complément au récit que vous venez de lire.

J'ai lu le texte d'une traite : je voulais prendre connaissance de ce que l'auteur racontait à mon sujet. Je les ai connues d'une façon très intime, Ginette et Mona, les ayant rencontrées toutes les deux au moins une ou deux fois par mois pendant plus de quatre ans. C'est rare qu'un médecin ait l'occasion de lire un livre qui analyse un peu ses gestes, plusieurs années après un événement aussi troublant et qui a duré si longtemps. En général, c'est le professionnel qui «analyse» son client; pour une fois, c'est un peu le médecin qui est sur la sellette!

D'abord, l'histoire est touchante : une histoire vécue, écrite par une maman de chez nous, une maman comme bien d'autres. Ginette a certainement eu beaucoup de courage pendant ces années si difficiles, et beaucoup de détermination. En général, une maman préfère oublier de tels événements; Ginette, elle, a voulu mettre sur papier toute l'affaire, et elle le fait avec sensibilité!

J'insiste maintenant sur la véracité des faits. Je me rappelle parfaitement les différents épisodes de la vie de Mona pendant cette période et ce livre est rigoureux dans ce domaine. Je me souviens surtout de l'épisode de la chute des cheveux, et de la perruque : j'étais

_____

*Note de l'éditeur : Nous avons demandé au médecin qui traitait Mona à l'époque d'ajouter ses commentaires. C'est à notre suggestion que son texte est publié sous le couvert de l'anonymat. Pour compléter ce livre, un spécialiste, le Dr Jocelyn Demers, a accepté de décrire brièvement la maladie, son traitement et l'état actuel des recherches. Nous tenons à remercier ces deux médecins pour leur collaboration.

très anxieux quant au traitement de la maladie et une complication, à mes yeux relativement mineure, telle une perte de cheveux, n'était pas trop sérieuse, alors que pour Ginette, l'apparence de Mona était de première importance : son teint, la forme de son corps, ses cheveux.

La responsabilité du médecin est grande : il doit se garder bien informé, et en 1970 les changements aux schèmes de traitement de la leucémie étaient fréquents et importants ; il doit éviter le plus possible de faire mal à l'enfant, physiquement et psychologiquement, ce qui implique beaucoup de patience et de temps ; il essaie autant que possible de toujours voir l'enfant avec la même infirmière, et les traitements, piqûres, etc. sont toujours administrés, par le même personnel ; l'infirmière et le médecin essaient de planifier autant que possible les événements ; ils essaient de paraître détendus, de ne pas être pressés, de ne pas faire attendre le patient, et de donner des petites récompenses. Ils doivent aussi consulter les collègues plus spécialisés. Ce n'est pas surprenant que les priorités de Ginette n'aient pas toujours été identiques aux nôtres !

Je me rappelle très bien l'impact de la leucémie de Mona sur son papa qui a, je pense, abandonné la partie pendant un certain temps ; de même, la réaction de son frère qui est devenu à maintes reprises physiquement malade, et ce, beaucoup plus souvent qu'on aurait pu s'y attendre. Je me rappelle très bien l'histoire du lit qu'une amie conseillait de ne pas acheter parce que cela ne valait pas la peine ! Ce livre illustre donc très bien l'isolement de Ginette et de Mona. Il démontre les difficultés de communication entre le médecin traitant et la maman d'un enfant sérieusement malade, et finalement l'importance de l'apparence physique, ou schéma corporel, de la personne malade pour la famille.

Ce livre donne au lecteur une petite idée des problèmes d'une famille avec un enfant atteint d'une maladie grave. Il donnera du courage à beaucoup de parents. Il devrait aussi être lu par tous les professionnels de la santé, infirmière, médecin, travailleur social, qu'ils soient déjà en activité ou en cours de formation. Je lui souhaite le bon succès qu'il mérite.

Le médecin traitant.

OUI... UN JOUR

Ce jour est donc arrivé, puisque maintenant la guérison est possible pour certaines personnes atteintes de leucémie, maladie considérée comme fatale il y a moins de cinq ans. Mais les temps changent et la science a fait quelques progrès. Cependant, nous ne pouvons encore affirmer que tous les patients leucémiques guériront. Oui... un jour qui ne se veut pas très lointain, nous l'espérons, nous pourrons crier sur tous les toits, au même titre qu'au jour de l'armistice : « Amis, soyons heureux; la guerre est finie et nous avons vaincu notre ennemi ».

Mais quel est donc cet ennemi si redoutable? La leucémie, puisqu'il faut l'appeler par son nom, prend différents visages et peut s'offrir sous différentes formes. Nous allons dans les prochaines lignes tenter de définir cette maladie, d'en énumérer les causes probables, d'en voir les symptômes, d'en décrire l'évolution naturelle et de comprendre les principes du traitement qui tentera d'éliminer les cellules malignes jusqu'à la dernière, tout en prévoyant des remèdes aux complications inhérentes à la maladie elle-même ainsi qu'au traitement. Nous jetterons à la fin un regard sur ce que l'avenir nous réserve.

Tout comme Mona et ses parents, nous nous devons à tout prix de garder espoir et de nous battre sans relâche contre cette maladie. Les succès relatifs que nous pouvons constater aujourd'hui sont dus à des gens comme les parents de Mona qui ont oublié leur propre vie pour sauver celle de leur enfant. Au même titre, il faut reconnaître le courage et le dévouement de l'équipe médicale, c'est-à-dire du médecin traitant au technicien de laboratoire en recherche pure, qui supporte ces familles meurtries. Tous ont le même but : vaincre un ennemi familier mais si sournois, le CANCER.

La leucémie est une maladie néoplasique qui origine dans les globules blancs que l'on retrouve dans le sang. Ces mêmes globules

217

blancs qui portent le nom de granulocytes, de lymphocytes etc... ont une origine diverse ; les granulocytes proviennent de la moelle osseuse, les lymphocytes proviennent des ganglions lymphatiques et de la moelle. Ces deux sortes de globules blancs peuvent se transformer en cellules malignes, c'est-à-dire cancéreuses et produire un cancer du sang, la leucémie. Ces cellules leucémiques envahiront graduellement plusieurs organes du corps. L'un des plus touchés sera la moelle osseuse qui est en sorte la manufacture des éléments du sang, c'est-à-dire des globules rouges, des globules blancs et des plaquettes. Voyant les mauvaises cellules prendre la place des bonnes, cette manufacture verra son rendement et sa production complètement abolis, d'où l'apparition des divers symptômes fort connus de la leucémie : anémie, infection et hémorragie.

Il y a différentes sortes de leucémie : les unes sont aiguës, les autres chroniques. Oublions ces dernières, car elles ne comptent que pour 1% des leucémies de l'enfant. En somme, la leucémie de l'enfant est ordinairement une leucémie à forme aiguë. Selon la cellule qui lui a donné origine (granulocyte ou lymphocyte), on aura donc des leucémies granulocytaires (myélocytaires) aiguës qui représentent de 20 à 30% des cas et des leucémies lymphoblastiques aiguës dans 70 à 80%. Mona était atteinte de cette forme de leucémie, dite lymphoblastique aiguë.

Les causes de cette maladie sont actuellement inconnues. On soupçonne qu'un virus pourrait en être l'instigateur. Mais les multiples recherches dans ce domaine n'ont pu prouver cette hypothèse. Plusieurs chercheurs, cependant, croient qu'il y aurait plus qu'un facteur, et que le virus aurait trouvé simplement un terrain propice à son développement et ainsi poursuivi la transformation d'une cellule normale en une cellule maligne. Avouons que la recherche dans ce domaine n'est pas facile mais qu'elle avance à chaque jour. Les parents craignent parfois qu'il s'agisse d'une maladie héréditaire. Sauf dans de rares cas, l'hérédité n'a pas de rôle majeur et les chances pour que cette maladie atteigne un deuxième enfant sont presque inexistantes. De plus, cette maladie n'est pas contagieuse et elle ne devrait en aucun cas priver ces enfants de leurs amis et de leur entourage normal.

Quels sont les symptômes de cette maladie ? Tous les parents craignent qu'un jour, un de leurs enfants puisse en être atteint. De fait, il s'agit d'une maladie relativement rare. Un enfant sur 600, avant même qu'il ait atteint l'âge de 15 ans, sera victime du cancer. Et la leucémie partage 30% de ces cancers. La leucémie peut frapper à tout âge, y compris un bébé naissant, mais elle est plus fréquente entre l'âge de 2 et 4 ans. Les symptômes peuvent être groupés sous trois grands types :

1) Une anémie progressive engendrant de la pâleur et de la fatigue ;
2) Une tendance fort accentuée aux infections conduisant à des poussées de fièvre intense ;
3) Et des manifestations hémorragiques qui se voient par des bleus et des taches purpuriques surtout sur les membres inférieurs, mais pouvant être présents à la grandeur du corps.

Ces symptômes sont les plus classiques, mais la maladie peut se manifester de diverses façons, parfois tout à fait atypiques telles que sous une forme d'arthrite rhumatoïde rebelle au traitement etc... La leucémie est souvent accompagnée de ganglions palpables au niveau du cou, des aines et des aisselles, et aussi d'une augmentation du volume du foie et de la rate. Mais attention ! Tous ces symptômes et signes doivent vous inciter à consulter rapidement votre médecin sans toutefois vous permettre d'en établir le diagnostic sans en avoir fait les tests appropriés ; car il y a des maladies tout à fait bénignes telles que la mononucléose infectieuse, qui imitent les mêmes symptômes sans en avoir, vous le comprenez bien, leurs répercussions fracassantes.

Parlons maintenant du traitement, car tout patient se doit d'en recevoir un. Sans traitement, la maladie est fatale et évolue rapidement vers le décès. Le but du traitement est d'obtenir en quelques mois une rémission, c'est-à-dire la disparition des symptômes et disparition des cellules leucémiques dans le sang et dans la moelle osseuse. Cette rémission sera obtenue chez 90 à 92% des patients traités pour la leucémie lymphoblastique aiguë et dans 60% des cas de leucémie granulocytaire aiguë. Cette rémission rendra à l'enfant toutes ses aptitudes et capacités et il redeviendra normal. Afin d'obtenir cette rémission, il faudra faire appel à la chimiothérapie, c'est-à-dire à des médicaments reconnus comme ayant un effet toxique sur les cellules malignes. Ces médicaments ont donc une action bénéfique, à savoir, faire disparaître les cellules leucémiques mais ils ont malheureusement un effet similaire quoique moindre sur d'autres bonnes cellules de l'organisme et c'est ainsi que nous verrons apparaître des effets secondaires non désirés tels que dépression de la moelle osseuse, nausée et vomissement, perte de cheveux, gonflement des tissus etc... Mais ces redoutables effets secondaires seront heureusement réversibles. De plus, plusieurs de ces médicaments pour être efficaces doivent être donnés par voie intraveineuse ; ces injections sont données par des personnes compétentes et l'enfant, après quelques séances, finit habituellement par accepter cette piqûre sans maugréer.

Le traitement se divise en trois grandes phases : l'induction de la rémission, la consolidation et le traitement d'entretien. La première et la troisième phases consistent à utiliser la chimiothérapie, c'est-à-dire emploi de médicaments intraveineux ou par la bouche, tandis que la

219

deuxième phase implique un traitement de radiothérapie ; ce dernier se donne au niveau de la tête et a pour but de traiter un « sanctuaire » où les médicaments ne peuvent se rendre. Ce traitement de radiothérapie tuera donc, au moyen de particules radioactives, les cellules leucémiques qui se seraient logées dans ce sanctuaire et qui éventuellement pourraient conduire à une rechute de la maladie. La durée du traitement joue entre trois et cinq ans. Le but de ce traitement, encore une fois, est d'induire et de maintenir la rémission. Une fois la rémission bien en place, il est important de comprendre que le patient doit poursuivre son traitement. Cependant, cet enfant reprendra ses activités normales et il aura donc les mêmes pouvoirs et les mêmes droits et devoirs que les autres enfants. Donc, pas de surprotection ou autres conduites pouvant nuire ultérieurement à son développement physique, psychique et intellectuel.

Et la rémission devrait ainsi durer. Malheureusement, pour un certain nombre de patients, il y aura rechute, et le traitement devra être changé quelque peu afin de réinduire une seconde rémission ; et ainsi de suite... Peut-on guérir de la leucémie, c'est-à-dire maintenir indéfiniment cette rémission ? Oui... et le nombre de patients guéris augmente de jour en jour, ce qui nous laisse entrevoir qu'un jour, tous les leucémiques obtiendront cette guérison.

Y a-t-il d'autres modes de traitement, soi-disant plus avant-gardistes, pour la leucémie de l'enfant ? Certes, tous ont entendu parler d'immunothérapie et de transplantation de moelle osseuse. Ces deux formes de traitement ont fait couler beaucoup d'encre durant cette dernière décade. L'immunothérapie consiste à stimuler le système de défense de l'organisme par une vaccination répétée de BCG (vaccin contre la tuberculose) ou de ses résidus, ou par une injection d'antigènes provenant de cellules leucémiques. En faisant ceci, on pense que les mécanismes de défense contre les cellules malignes peuvent être alors augmentés au point de maîtriser la maladie, mais les essais thérapeutiques demeurent insatisfaisants à ce moment-ci. Quant à la transplantation de moelle, il s'agit de transfuser de la moelle qui provient d'un donneur compatible (ordinairement un jumeau, ou un frère ou une sœur ayant les mêmes types d'antigènes cellulaires) au patient éligible qu'on a pris soin de traiter énergiquement par de la chimiothérapie et / ou de la radiothérapie afin de débarrasser tout l'organisme de toutes les cellules leucémiques et en même temps de toutes les cellules sanguines normales. Lorsqu'il y aura reprise de la moelle, les cellules normales qui se verront dans la moelle et dans le sang viendront probablement du donneur. Environ 20% des patients traités ainsi peuvent espérer une rémission prolongée. Actuellement, cette forme de traitement ne se fait pas au Canada. Le patient doit donc se rendre soit à Seattle, soit à Boston ou Los Angeles. On la réserve en grande partie aux adultes. Cette thérapie est encore sous expérimentation. Elle demande énormément tant au point de vue sacrifice de la part du patient qui devra passer trois à quatre mois dans une chambre stérile, que du point de vue pécuniaire, le tout pouvant dépasser la somme mirobolante d'une centaine de milliers de dollars, somme qui soit dit en passant ne sera assumée d'aucune façon par la Régie de l'Assurance-Maladie. En résumé, la transplantation de la moelle demeure une arme importante quoiqu'encore expérimentale, mais elle demeure peu accessible pour la majorité des patients, faute d'un donneur compatible ou faute d'un support monétaire adéquat.

Que penser des nouveaux médicaments? À chaque année, il y a quelques nouveaux médicaments qui font leur apparition dans l'arsenal thérapeutique. Les uns sont des cousins, potentiellement plus efficaces, de médicaments connus; les autres sont totalement nouveaux. Ces médicaments offrent beaucoup d'espoir et nous permettent d'entrevoir le jour où nous découvrirons celui à action spécifique contre les cellules tumorales; et de ce fait, n'étant pas toxique pour les cellules normales, il pourra alors être donné à une dose maximale provoquant la disparition complète de la leucémie ou de la tumeur. Beaucoup de recherches se font dans ce domaine, et quelques chercheurs ont déjà pensé à se servir de moyens ultramodernes comme les ordinateurs pour les aider dans cette tâche. Espérons que l'avenir saura leur sourire. L'Hôpital Sainte-Justine tente de faire sa part dans ce domaine et depuis quelques mois, l'emploi d'un nouveau médicament chez les patients réfractaires au traitement conventionnel est en cours. Ce médicament, du nom de 5-Aza-Deoxycytidine est un médicament en étude serrée au laboratoire depuis plus de cinq ans; il fut employé pour la première fois chez l'humain il y a quelques mois. Nous fondons beaucoup d'espoir en lui.

Le traitement de l'enfant cancéreux ne se limite pas à lui injecter des médicaments; il se doit d'être total, c'est-à-dire voir à son confort physique et psychique. L'équipe médicale qui s'en occupe doit être polyvalente et multidisciplinaire : au sein de cette équipe, en plus des médecins hématologistes, chirurgiens, radiothérapeutes, psychiatres, il y a des psychologues, infirmières spécialisées, et travailleuses sociales. Tous ont un but commun : rendre l'enfant en pleine santé physique et mentale. La lutte contre le cancer est une lutte de tous les instants exigeant énormément de cohésion de la part de tout ce monde impliqué.

Et les parents de ces enfants atteints de leucémie et de cancer viennent de comprendre qu'ils avaient un rôle primordial à jouer dans ce domaine; ils ont formé en 1978 une association du nom de LEUCAN qui a pour tâche de voir à ce que leurs enfants reçoivent les meilleurs soins, à ce qu'eux-mêmes en tant que parents reçoivent le support et l'information désirés et à ce que la recherche sur le cancer soit bien vivante dans un centre hospitalier universitaire tel que l'Hôpital Sainte-Justine. Cette association se veut à l'image de sa grande sœur, les « Candlelighters », actuellement présente dans plus de 35 états américains. La LEU-CAN possède des buts nobles et elle deviendra sous peu un outil essentiel pour la promotion de la recherche médicale dans le domaine du cancer. Car, il n'y a que par la recherche médicale et par le courage de tous les leucémiques et de leurs proches que nous finirons par trouver la solution définitive au problème de la leucémie.

« Mona » n'est pas un livre... un récit. C'est une petite fille bien vivante, bien courageuse qui a su relever adéquatement un défi et qui lutte, tout comme les autres enfants leucémiques et tout comme chacun d'entre nous, pour sa propre survie.

Mona, nous t'aimons.

Jocelyn Demers, M.D.
Hémato-Oncologiste
Hôpital Ste-Justine
Membre de LEU-CAN

MONA DÉCÉDÉ a l'âge de 15 ANS

Note de l'éditeur : On peut devenir membre de la LEU-CAN, obtenir plus d'informations ou offrir sa contribution en s'adressant à : LEU-CAN, Hôpital Sainte-Justine, 3175, Chemin de la Côte Sainte-Catherine, Montréal H3T 1C5.

ACHEVÉ D'IMPRIMER
EN   JANVIER   1981
SUR LES PRESSES DE
PAYETTE & SIMMS INC.
À SAINT-LAMBERT, P.Q.